新时期英语教育的优化发展路径研究

王建梅◎著

吉林大学出版社
·长春·

图书在版编目（CIP）数据

新时期英语教育的优化发展路径研究 / 王建梅著 . -- 长春 : 吉林大学出版社, 2022.6
ISBN 978-7-5768-0583-3

Ⅰ. ①新… Ⅱ. ①王… Ⅲ. ①英语—教学研究—高等学校 Ⅳ. ① H319.3

中国版本图书馆 CIP 数据核字 (2022) 第 173300 号

书　　名	新时期英语教育的优化发展路径研究
	XINSHIQI YINGYU JIAOYU DE YOUHUA FAZHAN LUJING YANJIU
作　　者	王建梅　著
策划编辑	殷丽爽
责任编辑	殷丽爽
责任校对	矫　正
装帧设计	李文文
出版发行	吉林大学出版社
社　　址	长春市人民大街 4059 号
邮政编码	130021
发行电话	0431-89580028/29/21
网　　址	http：//www.jlup.com.cn
电子邮箱	jldxcbs@sina.com
印　　刷	天津和萱印刷有限公司
开　　本	787mm×1092mm　1/16
印　　张	11
字　　数	203 千字
版　　次	2023 年 1 月　第 1 版
印　　次	2023 年 1 月　第 1 次
书　　号	ISBN 978-7-5768-0583-3
定　　价	72.00 元

版权所有　翻印必究

前　言

新时代视域下，我国大学不断扩招生源，在校生人数呈现逐年递增的发展态势，但生源质量却十分参差不齐，特别是其英语基础与学习现状很难适应新时代对人才提出的要求。英语作为提高学生英语水平和应用能力的重要学科体系，需要广大教育工作者予以高度重视，只有不断增强学生的英语综合能力，才能使其适应经济全球化环境，成为新时代社会发展的人才主力。在此背景下，面对英语基础参差不齐、教学设备建设不足、课堂教学模式单一、教师综合素质待提高等一系列问题，需采取有效的解决策略。因此，大学应该不断探寻新时期英语教育的优化发展路径。英语教师更应打破传统固化思维模式，在遵循教育客观规律的基础上，以多样化的教学手段和方法，增强学生英语学习的质量，培育学生英语应用能力，促进大学英语课堂教学质量的提升。为此，本书围绕"新时期英语教育的优化发展路径研究"这一主题进行了一定的论述，希望可以为广大读者提供一定的参考。

本书共分为五章。第一章内容是大学英语教育概述，主要从大学英语教育的内容、大学英语教育的发展这两方面进行了具体的分析。第二章的内容是大学英语教育的理论分析，从理论层面展开了具体的论述，主要分为大学英语教学的目标与原则、大学英语教学的理论基础、英语教学中的文化影响三个方面。第三章对大学英语教育的改革优化路径进行了分析，主要从大学英语教学方式的改革、大学英语教师角色的变化、大学英语教学实践的优化这几方面展开了具体的论述。第四章对信息化背景下大学英语教学的创新进行了分析，主要从信息化时代发展概述、信息化教学资源的开发与建设、信息技术与英语教学的整合这三个方面展开了具体的分析。第五章的内容是大学英语教学评价体系的建设，对于英语教学评价的内容与方式、英语教学评价体系的构建进行了具体的分析。

在撰写本书的过程中,作者得到了许多专家学者的帮助和指导,参考了大量的学术文献,在此表示真诚的感谢。本书内容系统全面,论述条理清晰、深入浅出,但由于作者水平有限,书中难免会有疏漏之处,希望广大同行及时指正。

作者

2021 年 1 月

目录

第一章 大学英语教育概述 ·· 1
　第一节 大学英语教育的内容 ····································· 1
　第二节 大学英语教育的发展 ···································· 12

第二章 大学英语教育的理论分析 ·································· 25
　第一节 大学英语教学的目标与原则 ······························ 25
　第二节 大学英语教学的理论基础 ································ 32
　第三节 英语教学中的文化影响 ·································· 49

第三章 大学英语教育的改革优化路径 ······························ 58
　第一节 大学英语教学方式的改革 ································ 58
　第二节 大学英语教师角色的变化 ······························· 105
　第三节 大学英语教学实践的优化 ······························· 124

第四章 信息化背景下大学英语教学的创新 ························· 133
　第一节 信息化时代发展概述 ··································· 133
　第二节 信息化教学资源的开发与建设 ··························· 138
　第三节 信息技术与英语教学的整合 ····························· 150

第五章　大学英语教学评价体系的建设…………………………………155
　　第一节　英语教学评价的内容与方式……………………………155
　　第二节　英语教学评价体系的构建………………………………162

参考文献………………………………………………………………………173

第一章　大学英语教育概述

本章的内容是大学英语教育概述，主要从大学英语教育的内容与大学英语教育的发展这两方面进行了具体的分析。本章的论述旨在为之后的研究打好基础。

第一节　大学英语教育的内容

一、听力

众所周知，英语是语言交流工具，随着"地球村"和"全球化"理念的提出，英语作为国际通用语言之一，已经跨出了文化的界限，成为衡量一个人的国际视野和国际化程度的标准之一。中国近年来高度重视英语教育，一些地区已经从幼儿园开始普及英语教育，不但给高等院校输出优质人才，更满足了我们政治、经济、文化和科技发展的需求。在语言能力培养过程中，听、说、读、写四项技能中尤为重要的是对听力的培养，它是领会和获取语言信息的重要途径，是发展语言的关键。

听是获取信息的重要途径，是语言技能之一，也是交流的重要方式。据有关数据统计，在语言交际活动中听力技能占 45%。而听力理解是人们大脑在短时间内需要处理的口语信息，由于信息具有多层次性，再加上不是母语，所以听力成为学生学习英语的短板。当下许多英语教师还是采取多听、多练的基本模式试图提高学生的英语听力理解水平，但效果不佳，学生成绩不理想，提高学生听力水平是英语教师当前亟待解决的重要课题。此外，"互联网+教育"时代到来，促使英语听力教学更具多样化，教学模式凸显新颖性和创新性，教师的"教"和学生的"学"都要与时俱进，顺应时代的需求。听力核心素养的培养定会为学生的终身发展助力。

（一）对听力的认知

有资料显示，人们在日常生活交往中，听的时间是说的两倍，是读和写的四到五倍。不论哪种语言，听都是最基本、最重要的语言技能。但在英语教学中，听力教学无论从教师的"教"还是学生的"学"哪个方面来看都是最薄弱的环节。国外学者认为听力是一种活动，在第二语言学习过程中，听力理解极其复杂，对语言信息从接收到意义建构的过程中，需要听者接收有声的信息，再进行加工，切分语音流，并能辨音识词，再运用语法知识，最后建构句子意义，其中还需要通过逻辑思维联系整个语义，才能真正听懂说话者的意图。从神经学、语言学、心理语言学等多方面分析，可以证明听力是一个非常复杂的过程，它分为初步感知、解析和运用三个阶段，并且这三个阶段可以相互重叠。虽然关于听力理解的定义说法不一，但是各方说法有一个共同点就是积极接收并处理信息，包括感知、解码、预测和选择等，这些过程诠释了人们对听力的认知。

（二）听力发展轨迹

无论在哪个国家，英语听力教学在不同时期都有着不同的教学方法。从英语教学初期没有听力的时代，到第二次世界大战时期出现的听说法，以及后来的交际法、任务阅读法等都呈现了英语听力曲折的发展过程，从中也可以看出人们对听力教学越来越重视。我国新高考对于英语考试进行了重大改革，由没有听力测试，到有听力测试，最后到听力测试分值计入总分，这个改革轨迹足以说明我国英语教育对听力教学的重视程度。英语是语言交流工具，听力是领会和获取语言信息的重要途径，更是发展语言的关键。基于此，听力在社会交往中地位越来越突出。

（三）听力理解策略

我们理解的听力是包括注意、理解、记忆及评价的积极过程。学生凭借已有的知识储备，运用各种策略理解所听的内容，并通过策略实现最终的解码。听力策略有助于听力水平的提高，直接助力听力理解。实际上，听力策略可以分为认知策略、元认知策略和社会/情感策略。学生通过听力策略的训练激发学习兴趣、提升学习积极性、促进学习自主性，听力策略的实施能是提升英语听力能力的有效途径之一。

总之，在经济不断进步、社会不断发展的今天，社会对英语人才的要求在不断提高。而英语听力是构成英语教学的重要部分，掌握英语听力对于大学生而言有着重要意义。因此，在教学过程中，教师应重视学生英语各项能力的培养，尤其应重视英语听力部分，让学生在掌握基本的读、写能力之外，提升英语理解能力及听力能力。受传统教育观影响，大学生虽然有一定英语基础，但是基础并不牢固，这无形中加大了大学英语听力教学的难度。

二、口语

英语口语既是国际交流的一个重要桥梁，又是人们了解不同文化的重要工具，可以直接发展个人思维。但中国学生的英语口语水平普遍较低。随着经济全球化的不断发展，英语作为一种沟通工具正发挥着越来越重要的作用，英语的交流价值也日益凸显。但是，从国内的升学考试、英语专业四级和八级考试等都可以看出我国英语口语教育的短板，中国人用英语进行交流普遍存在障碍。

大学英语教学应切实促进大学生英语综合应用能力，尤其是听说能力的提高；要培养大批具有国际视野、通晓国际规则、能够参与国际事务和国际竞争的国际化人才。对此，高等学校英语教学要以培养学生的英语应用能力、增强跨文化交际意识和交际能力、发展自主学习能力、提高综合文化素养为教学目标。此外，口语教学作为大学英语教学的重要输出环节，可以有效检验教学成果。

三、阅读

（一）阅读的本质

20世纪20年代以来，教育家和语言教师对阅读行为的理解是：在外语学习过程中，学习者应首先学习听和阅读，在掌握了听和阅读的基本技能之后，就能主动地使用语言，即说和写作。

在对阅读本质的认识过程中，我们应该知道阅读不仅是读者对阅读材料的认知过程，而且是一个非常复杂的心理认知过程。读者对阅读材料中符号的认知与理解是阅读的主要过程。理解的基础是认知，认知的基础是对阅读材料的感知。初学者在阅读过程中更加依赖视觉信息，他们通常根据阅读材料的表层结构来归纳意义。有经验的阅读者更加注重对阅读材料意义的理解，在信息处理过程中更注重关键词和语段。笔者认为，阅读是这样一个过程：读者对阅读材料的认识—分析—理解—再分析—理解—综合处理—重复上述步骤。这样的步骤在阅读过程中会重复出现，不同之处在于每次总是在已有知识的起点上对新的阅读材料重复以上步骤。我们可以将阅读模式分为过程模式和成分模式两种。过程模式可以是连续行为；也就是说可以把阅读看作一个系列过程，上一个过程完成之后下一个过程才开始。成分模式只是描述阅读过程中涉及哪些成分。

阅读的过程不仅仅是间接的交际活动，同时也是一个创造性的过程。为了让学生的英语阅读能力获得切实的提升，需要从阅读技巧、阅读速度及文义理解等方面着手，而这些措施都需要建立在学生具备良好的综合阅读能力这一基础上，如分析能力、归纳能力和理解能力等。提升综合阅读能力，需要学生进行长时间的阅读实践，在这个过程中进行概括和理解，从而达到预期的目标。语篇分析能够直接提升学生的语感能力进行，从而对语篇意识进行拓展，在这个过程中，学生获得了更强的交际能力。对于学生而言，在学习英语时，无论是字、词、句还是语法都是他们必须掌握的基础内容，具备一定基础的学生要想迅速提升英语阅读能力，在英语阅读教学中不能仅仅停留在分析语法和词汇层面，这不符合学生的语言发展规律。那么在阅读教学中就需要通过语篇教学来综合分析整个英语语篇，让学生的阅读理解能力得到提升。另外，尽管学生可以完整和清晰地使用英语去表达某个主题，但英语水平有限，再加上学生的语言焦虑，导致他们虽然在阅读教学中能够回答教师的问题，但也难免会出现一定的挫败感，这对学生的英语阅读兴趣培养是非常不利的，难以激发学生的英语阅读学习动力。所以，教育者需要通过培养学生的语篇意识，来为学生营造更加轻松、愉悦的阅读氛围，让学生从中获得自信，从而更加积极主动地投入英语阅读学习，深入理解英语文章，提升他们的英语阅读能力。

（二）影响英语阅读的因素

不同的读者对同一篇阅读材料所要表达的信息可能有不同的理解。这些差异的产生既与读者的家庭背景、居住环境、文化环境有关，也与读者的动机、天资兴趣、性格因素、语言基础及教师的教学方法等有关，所有这些因素形成了不同读者阅读上的差异，正如学生的家庭背景、经济条件和文化环境对他们的阅读水平具有一定的影响。同样，对阅读非常有兴趣的读者，喜欢阅读是他们提高阅读水平的内在动因；反之，对阅读学习没有兴趣的学生，很难确保他们能够广泛阅读，而没有阅读量的积累，则很难确保他们阅读水平的提升。与母语学习不同，在第二语言学习过程中，学生首先要进行听读技能的学习，没有听和读，不可能产生说和写；而教师要通过阅读来培养学生的语言基础，学生的语言基础越好，他们的阅读技能提高得就越快,因此对学生语言基础的培养至关重要。教师在阅读教学过程中首先要注重学生语言基础知识的培养,在此基础之上逐步帮助学生提高阅读技能,最终实现其阅读能力的提高。

本质上,阅读过程是一种思维过程,阅读的关键能力是思维,它并不是学生被动接收文本信息的过程,而是利用已有的背景知识积极思考,进行归纳、分析,同时做出评判并表达观点的思维过程。如何在阅读课的学习理解类活动中发展学生的高阶思维能力,需要教师有意识地进行引导,只有在教学中设计具有思维价值的问题和活动,才能有效地对学生进行高层次思维能力的训练,进而促进学生思维品质的发展。在阅读活动中,个体必须通过深入挖掘文本,培养语篇意识、构建结构化知识、启迪智慧、提升思维品质,更好地实现英语阅读的价值。

四、写作

写作是英语教学中同样不容忽视的一个重要方面。写作的形式多种多样,小说、信件、诗歌、评论等就代表了不同形式的写作。不同形式的写作在写作目的、长度和创作形式上存在不同,在写作的复杂程度和质量上也存在巨大差异。不同年龄段的写作者对写作任务的理解也存在很大差异,如大学生、中学生和小学生的写作就存在很大差异。尽管不同形式的写作任务会存在很大差别,不同年龄段的写作者对写作任务的理解和写作效果也存在很大差异,但好的写作在认知理论模式上仍然存在一些共通之处。

需要认识到,对写作教学的研究经历了不同的认识阶段和过程。早期研究将写作方法分为过程写作法和成果写作法,随后又有研究认为写作是一个问题解决和程序应用过程、沟通过程、知识转化与知识讲述过程。

(1)过程写作法和成果写作法。大部分对写作教学的研究都将写作看成最终成果,包括拼写、标点符号和语法。从认知角度对写作过程进行分析,写作教学应该聚焦于写作的过程。写作过程中大部分时间和努力都集中于事先计划,而不是最终的写作成果。很多学者对写作教学的研究过于注重写作的成果,聚焦于学生提交的最终写作文本,而忽视了学生如何进行写作及学生的写作认知过程。

(2)问题解决和程序应用。大部分写作教学过程中涉及讲授写出正确句子的程序,如句子开头不要使用连接词、每个段落最好有一个主题句、对段落进行总结的句子和一些核心句子等。此外,写作者在写作过程中还要考虑解决存在的问题。写作过程是一个表达意思的过程,是一种特殊形式的思考过程。写作过程开始前,写作者可以设定写作目标,通过写作过程实现这个目标,因此写作过程又可以仍被看作问题解决过程,写作者可以从心理学角度对问题解决进行分析。

(3)沟通过程。大部分写作教学涉及向学生讲授如何写出一篇在文体和语法上符合要求的作文。写作教学的重点应该是向学生讲授如何写出符合要求和标准的作文,而不是写出一篇仅仅能够影响读者的作文。学生应通过写作学习如何与读者进行沟通交流,写作过程中使用的语言应与学校英语相一致。此外,学生在写作过程中要树立读者意识,通过写作内容对读者产生影响。

(4)知识转化和知识讲述。知识转化是指写作者从长时记忆或主题材料中选取信息,通过对信息进行处理,形成一篇合乎逻辑的写作文本的过程;知识讲述是指写作者按照思考的顺序对信息进行表达的过程。知识转化过程中,为了能与读者进行交流,写作者需要对选择的信息进行调整修改;知识讲述过程中,写作者的目的是向读者陈述信息。知识转化和知识讲述之间的主要区别在于知识转化过程需要更多的事先计划,事先计划在知识转化过程中起着更大作用。通过以上分析可以看出,写作教学的主要目的是帮助学生实现从知识讲述到知识转化的转变。

(一)不同的写作认知过程

写作过程中大脑的认知过程一直是研究者关注的内容。相关研究者利用有声思维法让写作者将写作过程中的思维过程记录下来。有声思维法对写作过程的记录显示,写作者的写作主要包括事先计划、转码表达和修改编辑三个过程。

事先计划涉及从写作者的长时记忆、写作任务和已经完成的写作部分寻找信息,并将这些信息综合处理之后形成写作的文本内容。事先计划首先要激活信息,从写作者长时记忆中检索与写作任务相关的信息。而后是整理过程,涉及从已经检索的相关信息中选择对写作主题最有用的信息,通过加工整理融入事先计划过程。事先计划的最后一个步骤是确立写作目标,即对写作材料综合计划以指导写作过程。例如,如果写作者认为读者对写作材料内容不熟悉,在写作时就要尽量简化写作过程,同时避免使用行业术语。

转码表达涉及写作文本的产生,写作文本要与事先计划内容保持一致。写作文本内容必须是语法正确、内容清晰的英语句子,同时以有效的方式阐述需要表达的信息。

修改编辑涉及利用阅读和编辑过程对已经完成的写作内容进行修改提高。阅读过程中,写作者对写作文本中存在的问题进行检查。编辑过程中,写作者则对检查出的问题进行修改。例如，如果初稿中存在语法错误或者意思表达不准确之处，就需要对这些问题进行修改。

如果对写作模型进行简化，那么写作模型也可以包括两个输入过程和三个处理过程。两个输入过程是写作任务和写作者知识，写作任务包括对写作主题知识和读者的认知，写作者知识包括写作主题知识、读者知识和写作者的英语水平。三个处理过程分别是事先计划、转码表达和修改编辑，这三个过程相互作用，并非按照固定顺序发生的，事先计划和转码表达这两个过程会形成写作文本初稿，对初稿进行修改编辑之后会形成最终的写作文本。

三个处理过程可以被归入不同过程。事先计划被归入一个更加广泛的思考和追忆的过程，通过一个内部表征活动产生其他形式的表达。转码表达被归入一个更加广泛的过程，通过这个过程产生输出的写作文本。修改编辑被归入文本解释，在这个过程中，写作者通过语言输入形成新的语言表达形式。这样在新的写作模型中，工作记忆的作用被进一步强调，包括视觉和空间的表达形式，写作过程中的动机作用和社会因素也得到了承认。这个模型中，写作过程涉及收集信息、计划构思、对构思内容进行转码表达、对写作文本进行修改编辑。

显然，不同的写作模型的主要写作过程有相同之处，都包括事先计划、转码表达和修改编辑这些过程。进一步的研究显示，所有这些过程相互作用，每一个过程都不是单独发生作用的。

（二）写作的影响因素

对写作者写作认知过程进行研究可以发现，写作者在写作过程中会受到多种限制因素的影响。第一个影响因素就是对于英语拼写、语法、写作技巧的掌握程度。如果写作者在写作过程中能够正确使用英语拼写、语法、标点符号和写作技巧，就为成功写作打下了良好的基础，反之则会对写作效果产生消极影响。第二个影响因素就是写作者的语言表达能力。如果写作者具有较强的语言表达能力，就不会影响到高水平写作准备过程和对相关写作信息的整理安排；相反，如果写作者的语言表达能力还存在问题，写作过程中还要过多考虑如何进行正确的语言表达，那就会对高水平写作准备和信息整理产生消极作用，从而影响最终的写作效果。第三个影响因素就是写作者年龄对写作水平的影响。不同年龄段的写作者在写作过程中体现出的写作水平存在一定差异，通常而言，年龄大的写作者对拼写、语法、标点符号和写作技巧的掌握已经达到了自动化程度，他们在写作过程中不但能够写作复杂的句子，还能将所有信息整合成意思连贯、符合逻辑的段落或篇章，完成高水平的写作任务。

1. 消除限制因素有助于提高写作效果

写作教学过程中教师过分强调正确拼写、语法、标点符号和写作技巧的掌握与使用，在一定程度上会影响学生的写作准备能力，其结果可能会使学生的写作内容和写作技巧虽然符合要求，但写作内容整体上会缺少连贯性。教师在写作教学过程中要强调写作内容整体的连贯性，让学生在写作过程中聚焦于写作内容的连贯性，首先完成初稿的写作，然后从拼写、语法、标点符号等方面对写作内容进行编辑修改，这会帮助学生提高写作效果。对于在写作过程中还没有对拼写、语法、标点符号和写作技巧达到自动化程度的初学者来说，教师在教学中更要让他们在初稿写作过程中聚焦于写作内容，帮助学生逐步掌握拼写、语法、标点符号和写作技巧的使用，并最终达到熟练掌握和自动使用。

在写作表达过程中，写作者对词汇的掌握和使用在很大程度上影响着表达效果。在写作表达阶段，写作者需要将词汇写在纸上。结合认知心理学理论，笔者认为，写作记忆容量有限，在一定时期内，工作记忆只能贮存有限的注意资源，因此教师应该让学生在平时经常进行单词书写练习，确保单词拼写能够达到熟练使用的程度。否则，学生在写作过程中过多聚焦于单词拼写，就会影响他们工作记忆对写作内容的贮存，从而影响他们对写作内容的有效表达。

2. 创建写作环境

由于学生的写作水平存在很大差异，他们在写作内容和质量上也存在很大差异。当写作目的是检测内容知识时，学生只需将以前学习的信息表述出来，这个过程属于知识陈述，学生只是简单重复他们学习过的知识，这种写作过程中的知识表述处于孤立和分离状态，学生没有机会表达他们自己的思想。写作的教学目的应该是让学生学会如何进行知识转换，这是一个更加丰富的认知活动。在知识转换过程中，学生将写作主题知识与话语知识相结合，形成新的知识，教师应该将写作过程看作让学生学习的过程，而不是让学生展示他们已经掌握了哪些知识的过程，教师要鼓励学生在写作过程中构建新的知识。

为了更好地帮助学生创建写作环境，教师可以让学生在写作开始前与同伴进行讨论，在写作任务完成后进行同伴互评。同伴之间相互讨论可以帮助学生理解不同的写作观点，相互提问和回答问题，给予对方或接受对方的建议，以便更清晰地准备自己的写作观点。同伴互评可以在两个或两个以上同学之间开展，也可以在小组活动中开展，小组互评组员可以轮流评阅每个人的写作内容，也可以由一个同学朗读其中一篇写作内容，然后组员们共同评议。同伴互评还可以发生在写作准备阶段，同伴对彼此的写作提纲提出修改建议。

教师在创建写作环境的过程中起着重要作用，同时教师在这个过程中也面临着挑战。教师面临的第一个挑战就是如何选择具有激励性的写作任务，让学生在写作准备阶段、写作表达阶段及修改编辑阶段能够仔细思考，从而进行有创意性的写作。教师面临的第二个挑战是如何灵活地开展写作教学工作，在写作教学中如何改进传统写作教学方法，如何将新的写作教学方法有效地融入教学过程中。教师在写作教学中应担任教练的角色，成为学生写作任务的促进者，而不应成为信息的源泉或提供者。教师在写作过程中应为学生提供合作性的支持和帮助，通过教师的支持和帮助，学生应能更好地明确写作任务，学会使用其他选择性的方式表达思想，更有效地开展写作任务。

五、词汇教学

词汇的学习与积累是语言学习的基础，只有掌握了一定量的词汇才能进行口语表达和交流。没有语法，人们可以表达的事物寥寥无几；没有词汇，人们无法表达任何事物。语言学习者如果没有大量的语言输入，就很难学习和掌握一定的词汇量，在交流的过程中就无法准确地理解对方所表达的意思，无法选择合适的词汇表达自己的想法，这样就很难达到交流的目的，无法实现沟通的目标；同时，也会很难进行英语阅读、写作和翻译等方面的活动。因此，英语词汇量的缺乏在一定程度上制约了学生英语素养与能力的提高。

词汇是语言学科最基本的构成，是一切语言学习的基础，大学英语的学习也不例外，词汇教学更是大学英语学习的重中之重。大学阶段英语词汇教学的重要性具体体现为：第一，因为词汇是英语学习的基础，学生在不理解、不会运用语法的情况下，还可以勉强用英语去表达，但是如果没有词汇，那么语言的表达也无从谈起；第二，教育部对大学阶段学生需要掌握的英语词汇标准也有所要求，即学生需要掌握至少三千个词汇，而要想正确做到汉英互译的水平需要达到两千个，还需要掌握至少五百个常用词组的运用，还要求学生对英语词汇的基本构词法拥有一定的识别能力。但是，目前大学生的英语水平较低、英语基础薄弱，针对性地开展大学生词汇教学的改革已经迫在眉睫。大学生只有具备良好的英语能力，才能适应时代的变化，才能有更大的进步空间。大学教师应该基于学生词汇能力来进行基础性提升教学，有效提高学生的英语能力。比如，教师可以基于认知角度，在大学英语词汇的教授与学习当中融入图式理论，帮助学生基于自己的知识基础构建适用性较强的词汇知识图式网络，打破以往机械记忆词汇的模式，从而巩固已学习的词汇知识，并且拓宽词汇量，开拓学科视野。

六、语法

如果把英语学习比作搭建一座高楼大厦，词汇是基础，那么语法就是搭建这座大厦的必需工具。在多年的英语教学中，很多学生虽然在英语学习中投入了大量的时间记忆单词，但是英语的实际应用能力并不理想。究其原因，主要是由于教师在大学英语教学过程中忽视了语法教学的重要性。因此，我们必须认识到大学英语语法教学的重要意义。

（一）语法教学是英语学习的基础

对于一门语言的学习，语法是基础也是重中之重，不同的语言，其语法结构是不同的，汉语与英语有完全不同的语法结构，学生要想对英语达到熟练掌握，就必须掌握英语的基础语法结构和语法知识。完成语法教学并不是大学英语教学的教学目的，它只是帮助学生提高英语综合水平的方式和手段。对于语法的学习，学生可以改变自己的汉语式思维，建立新的英语式思维方法，以学习语法结构来构建英语体系，以此来提高英语交流水平。如果没有语法教学作基础，学生只是生硬地通过汉语式思维去分析英语文章，无疑违背了语言学习规律，必定会在英语的输入过程中造成困难，无法真正准确地理解英语所表达的内容，导致出现错误，从而无法提高学生的英语综合能力。

（二）建立英语思维方式

学生在中学时期对语法的学习，只是对中学所需要掌握的语法知识进行反复演练，而并没有真正地理解透彻。而大学英语语法教学的目的就是让学生利用学习到的语法知识和结构，构建英语网络，锻炼英语思维方式，真正地理解英语语法的规律和本质，从而能够更好地理解英语文章所表达的内容，并且准确表达出自己的想法和情感，甚至本能地通过英语来进行交流，为将来更深层次的英语语言学习打下良好的基础、树立良好的思维方式，这对于学生未来的学习与工作都大有裨益。

总而言之，熟练掌握英语逐渐成了社会对求职者的必要要求，当代校园中的学生如果想学好英语，在具备一定词汇量的同时，也要注重对英语语法知识的学习和掌握。英语是一门语言，主要的规则就是语法结构，在英语学习过程中大学生应学习语法知识，并且能够灵活掌握。对于当代学生英语熟练度的提高仍然还有很多的工作需要去做。语法教学在一定程度上决定了英语学习水平，教师应该转变传统教学观念，以灵活生动的教学方式改善大学英语教学课堂，提高学生对语法知识的学习欲望。通过语法教学，让学生真正掌握英语的语法结构和学习规律，打下良好的基础，更好地提高英语综合水平，为今后更高层次的学习与工作做好准备。

七、翻译

对学生来讲，英语知识的学习贯穿整个学习生涯。英语翻译主要是对不同语言的转化能力，学生依托自身理解的语言情况进行有效的置换，然后通过另一种语言有效表达，在此过程中，学生需要有效处理和分析语言，最终实现良好的翻译效果。

具体来说，翻译就是在准确、通顺、优美的前提下，将一种语言数据转变为另一种语言数据的行为，其形式主要有口译、笔译、同声传译等。翻译教学主要指以提升学生翻译能力、效率及质量为目的的教学形式，能够充分地检验和利用学生所学习的英语理论知识。在"一带一路"倡议及教育国际化发展的背景下，国家及社会对英语人才的需求日渐增加，对拥有突出翻译能力的应用型人才更是求贤若渴。但当前大学英语翻译教学依然存在一定的不足，我国传统的英语翻译教学模式，严重影响了应用型、复合型、实践型人才的培养质量。

现阶段，我国英语翻译教学模式主要以教师为主导，以填鸭式、灌输式的教学方法为主，翻译教学的参与性、互动性及灵活性不够。学生难以在课堂教学活动中，实现与教师的互动交流、沟通，"教师讲、学生记"几乎成为教学常态。因此，在知识传输的过程中，学生的翻译能力难以得到有效的提升，无法根据时代发展的需求形成明晰的英语学习目标。而在课后练习与课后作业的层面上，翻译课程的作业主要以段落翻译、短句翻译等固定模式为主，所以学生容易在课前出现抄袭作业、照搬作业的现象，难以发挥课后练习在能力培养上的功能和价值。在应试考试上，学生由于缺乏丰富的翻译经验，通常以死记硬背的方式应付考试，无法将英语教学中的理论知识、实践知识灵活地应用到考试中。而在教学评价中，教师或学校通常以定量评价为主，评价方式滞后、评价内容片面、评价质量不明显，难以结合学生的认知规律、行为习惯及培养目标公平、公正地评价学生。此外，在英语教学的宏观层面上，翻译教学与词汇教学、阅读教学、写作教学、口语表达教学缺乏联系，具有封闭化、独立化、边缘化的趋向，教师通常围绕教学大纲的要求规划课程内容、教学方式和教学形式，致使翻译教学出现"孤岛问题"。英语翻译是学生综合利用英语知识、语言表达技能的过程，因此教师必须加强翻译教学与写作教学、阅读教学、词汇教学、语法教学之间的联系，通过交互式的教学形式，使学生更好地、更有效地理解和应用英语知识，高效地翻译英语短句、英语段落，甚至是英语语篇。

此外，英语翻译教学要紧跟时代发展趋势，根据外界环境变化，及时对内部教学环境进行优化。教师要将现代教育工具合理介入英语翻译教学，通过拓展教育教学载体，为英语的输入和输出提供更多端口，既要发挥传统实体空间的教育教学优势，系统和规范化地传递和讲解英语翻译技巧及基础知识，依托现实实体空间，为学生构筑生动和多样的英语知识应用场景，并使其切实掌握翻译技巧和方法；又要依托虚拟的网络环境，对传统教学空间进行延伸和拓展，为学生创建更加开放、自由、创新的学习环境，充分解放学生思想，令他们从不同视角切入，探讨和研究英语知识。

第二节　大学英语教育的发展

一、大学英语教学存在的不足

（一）学生英语基础存在差异

大学英语教学中，学生的基础各不相同，有的学生基础知识扎实且具有较强的口语表达能力，而有的学生基础薄弱、成绩相对较差。再加上高等院校学生生源地不同，所接受的英语教育也存在差异。但是教师在教学中往往忽视学生的差异性，按照以往的教学经验对学生统一要求，这种教学理念不仅会打击英语能力好的学生的学习积极性，还会使英语能力较差的学生产生抵触心理。

（二）学生缺乏自主性

高等院校的学生没有考试的压力，所以在学习中将重点放在专业知识上，不够重视文化课程的学习。这就导致学生降低对自己的要求，缺乏自律，所以错误地认为英语学习并不重要。而且教师教学模式单一化，难以吸引学生的注意力，导致英语教学具有随意性和盲目性。还有一些教师认为学生基础薄弱，所以没有对学生进行严格的要求，学生自然也对英语学习较为松懈，这也是导致英语教学效果不佳的重要因素。

（三）教师队伍建设有待加强

教师是学生学习的引导者。但从目前来看，很多优秀的教师都集中在课题研究上，以致高等院校英语教育缺乏更好的指导，这也是影响高等院校英语教学水平的重要因素，而且教师的综合能力和专业水平直接决定学生的学习质量。再加上高等院校倾向于培养复合型人才，很多时候将大部分课时用在学生专业学科上，以至于英语课时少，对于英语的投入不够，而且没有严格要求学生，严重影响高校英语教学的有效性。

二、不同英语教学模式的运用

（一）任务型教学模式及其适用性

任务型语言教学（task-based language teaching）是一种基于交际任务而进行课程设计和教学内容传授的教学方式，目标是帮助学生完成各项交际任务，反对对于某个词汇或某种句型的反复机械操练，强调语言的学习应当是一个从意义到形式、从功能到表达的过程。任务型教学强调学生的主体性，重视学习的过程和交际的结果，反对教师在课堂中对语言形式进行机械灌输。基于教育目标，可将任务分为知识、理解、应用、分析、综合、评价六大类，并在每大类下列出若干子类，以覆盖所有的交际需求。任务的设计应当基于真实的语料和真实的交际情境，有明确的目的性。任务的目标是满足学生当下的学习需求或是未来工作、生活的交际需求。

专门用途英语的教学目标是培养学生在专业语境下用英语进行交际的能力，遵循的原则包括基于真实语料（避免人为缩写、改写）、以学生为中心、引导学生在"做中学（learning by doing）"、避免机械记忆语言形式和规则。这些都与任务型语言教学模式的教学理念和原则相一致。因此，任务型教学是适用于专门用途英语的教学模式。任务应当具有学业和工作的交际价值。这恰与需求分析中的学习需求与目标需求相对应。基于需求分析和任务的分类模型，师生制订任务清单，收集真实的目标语篇作为任务样本，完成包括目标语言运用情境描述、达成任务所需语言技能归纳、产出结果评价在内的任务设计。这样的任务型教学模式因为完全针对需求，能够更好地调动学生的学习积极性。

（二）分层教学模式的运用

英语教学为学生提供了吸收语言知识、发展语言思维的契机，英语课程指导中阅读教学环节的重要性不言而喻。采用分层教学模式指导英语阅读教学活动，是基于学生的主体性、差异性，该教学模式利于推动学生的全面发展和整体进步。

分层教学是指教师在指导教学活动的过程中以学生的学习能力、知识基础、性格特点等要素为基础，划分学生层次之后制订针对性的教学计划，让所有学生获得同等的学习机会和进步空间。分层教学模式体现了个性化教育理念，弥补了传统"一刀切"教学模式的缺陷，以因材施教为基本教学思路，应用差异化教育理念为学生提供高效学习的机会。

1.根据学生的水平划分学生层次

在分层指导英语教学活动的过程中，教师要能合理划分学生层次。具体如何精准、科学地划分层次呢？需要教师在指导教学活动的过程中关注学生的阅读能力、词汇量、写作水平等，在指导过程中完成"摸底"任务。可以利用英语短文测评学生的阅读理解能力，如选择一篇短文作为检测学生阅读理解能力的材料，学生在短文阅读中如果出现阅读障碍、无法连贯阅读，则可以被定义为基础薄弱的 C 层；学生如果在阅读过程中做到通顺、连贯，并能大致翻译文本，则可以被定义为水平中等的 B 层；学生如果能流利阅读文本，发音标准且翻译精准，则可以被定义为能力较强的 A 层。对学生基本分层后，教师则可以在后续的指导中采用分层教学策略，但要注意学生的分层应是动态变化的，教师要时刻关注学生的进步情况，合理调整学生层次分布状况。

2.教学目标分层

只有科学确定分层指导目标，才能构建高效的英语课堂，我们在指导英语教学的过程中需要明确教学目标，依据目标引导、组织教学活动，让不同层次的学生在分层教学目标下可以获得成就感和自信心。

3.教学提问分层

教学提问设置是教师作为教学活动组织者、构建者、引导者介入课堂的最常见方式之一，分层提问就是基于学生分层情况提问学生，让学生在思考和解决问题的过程中获得自信心，同时带给学生有效的引导和启发。在分层提问模式下，学生思考的问题与自己的思维能力、学习能力、知识基础相符合，在刺激学生思考的同时，不至于由于问题难度过高而挫伤学生的自信心。

分层指导思路旨在引导学生迈向"最近发展区"，持续获得进步和提升，最终达到理想的教学效果。英语教学的指导水平影响着学生的英语能力，学科教师应关注学生的个性化学习需求，在指导学生有效学习的过程中，选择适合学生的教学方式，关注学生的学习动态、进步情况，综合评估学生，建立动态分层机制，精准指导，提升效率。在大学阶段的英语教学工作中，教师要引导学生养成良好的学习习惯，教授学生有效的学习技巧，发挥教学的指导作用，加速学生英语核心素养的发展。

（三）混合式学习模式

混合式学习起源于美国《培训》杂志上的一篇关于数字化学习的论文，后逐步发展成为线上线下结合的混合式教学理论。2003 年，中国学者首次将其引入中国，经过十余年的深入研究，混合式教学已经历技术应用、技术整合及"互联网+"3 个阶段。技术应用阶段，强调技术的引入与重要性，教师不参与在线教学，学生开展纯在线的基于网络的自主学习；技术整合阶段，开始划分技术应用的参与度，同时开始关注学生与系统之间的"在线交互"及教师与学生之间的"线下交互"；"互联网+"阶段，借助飞速发展的信息技术，混合式教学已发展成为利用技术与教学的充分融合实现个性化指导、学生高度参与的教学环节。

混合式教学"以学生为本"，线上内容为课堂产生任务进行有效输入，而课堂教学以语言输出驱动为主。有的教师采用基于慕课（massive open online course,MOOC）的混合式教学模式在"基础英语听说"课程中开展实践，该模式有助于提升教学效果。还有的教师将混合式教学用于跨文化交际课程中，成功实现了提升学生跨文化交际能力和英语应用能力的双重目标。更有教师设计了"网络自主学习+翻转课堂+传统教学"的新型混合式视听说教学模式，提升了学生的学习自主性和教学效率。这些成果均从课程的线上评估方式引入混合式教学，即线上学习成绩占课程成绩比例的方式，但是线上学习的过程数据缺乏分析，可视化的效果较差，英语教师在课堂上无法直接采用。而且线上数据分析与实体课堂指导脱节，导致当前大学英语混合式教学理论和实践"两张皮"的现象严重，没有实现线上数据与线下指导的精准混合。

（四）翻转课堂教学模式

近几年翻转课堂教学模式被广泛地应用于教学实践中，并且在课堂教学有效性的提高上发挥着至关重要的作用。在信息技术发展背景下，素质教育理念不断深化，教学方式也逐渐呈现多元化的发展态势。而实践表明，在教学中翻转课堂教学模式的应用对于激发学生学习兴趣、提高学生学习效率，具有很大的应用价值。英语是一门基础学科，在高等院校英语教学中应用翻转课堂模式，有利于激发学生对英语学科的兴趣，提升教学效果，推进教育现代化。

1. 翻转课堂的含义与优点

（1）翻转课堂的含义

翻转课堂事实上是指师生角色互换，并以信息技术作为教学的工具，便于学生更好地理解知识的方式。在翻转课堂模式下，教师将课堂上的时间更多地交给学生，为学生提供自主探究的空间和时间，并引导学生对自己的学习进行规划，以此来弥补以往教学的不足。在课堂教学中，教师扮演着辅助学生学习的角色，要善于观察学生，满足学生的个性化发展需求，促使学生养成自主学习的良好习惯。翻转课堂教学模式更加强调学生通过自己实践和探索来获取知识，在翻转课堂中大学英语教学要在传统教学模式的基础上进行改革，探究适合学生学习和发展的教学模式，而翻转课堂不仅可以满足这一需求，同时还可以迎合学生的发展，促进英语教学的改革。

（2）翻转课堂的优势

相比于传统的课堂教学模式，翻转课堂的最大优势在于对学生学习积极性和学习热情的调动。翻转课堂的主角并不是传统教学意义上的教师，而是在传统的教学过程中处于客体地位的学生，将教师决定课堂教学进程的权力转移到学生身上，让学生根据自己的具体情况选择学习的内容。翻转课堂的第二个优点在于网络系统对学习评价的客观性。传统教学模式下，教师负责为学生讲授知识和进行课业评定。显然，教师的个人情绪、喜好不同会导致对学生评价受个人主观因素影响，使得学生在展现自己的学习成果时，获得的待遇并不公正。而采用电子计算机对学生的学习成果进行评价，就可以完美地避免这个问题。而且计算机对学生进行成绩评定还有极高的效率。在传统意义上，教师对学生的作业和考试成绩进行评定，往往需要数天的时间，而计算机可以有效节省时间。

2. 翻转课堂的价值

翻转课堂，其模式是教师颠倒传统课堂的教学顺序，是一种崭新的教学模式。教师应用翻转课堂可以对有限的课堂时间进行重新规划，给学生的学习环境营造愉悦的气氛。在传统教学中，教师将教学内容强加给学生，学生被动地跟随教师学习。引入翻转课堂，为学生的学习实践过程提供新思路，在多媒体丰富的教学资源中将学生的主体性充分发挥。教师通过多媒体技术将要教授的知识传达给学生，学生结合自身的实际学习情况和学习需求完成自主学习，并进行课前预习和课后复习。

3. 大学英语运用翻转课堂模式的必要性

教学模式对实现教育培养目标起着重要作用。高等教育应以人才培养为目标，以恰当的教学方法促进高等教育目标的实现。掌握流利的英语对于学生未来发展尤为重要，这有助于他们尽快地进入工作岗位。然而，在大学教育发展的过程中，很多学生也面临着英语实用技能较差的问题，学生很难使用在校内课堂上学习的英语知识在实践中进行流畅的交流。

在新时代教育教学模式下，大学英语教师必须更新教学理念，使用翻转课堂这一科学、高效的教学方式实施教学工作。首先，教师在教学环节中甄选短小精悍的教学视频进行重难点的辅导，每一个视频都针对一个特定的问题，有较强的针对性，查找起来也比较方便。视频的长度控制在学生注意力比较集中的时间范围内，一定要符合学生身心发展特征。网络发布的视频，具有暂停、回放等多种功能，学生可以自我控制，有利于学生的自主学习。其次，教学信息清晰、明确，每个重难点都准确地反映关键的内容，不出现干扰因素。最后，重难点的学习前移到课前进行。教师不仅要提供视频，还应提供在线辅导。理解和掌握是在课堂上通过互动来进行检查和确认的，教师能够提前了解学生的学习困难，在课堂上给予有效的辅导，同学之间的相互交流更有助于促进学生知识的吸收内化。巩固环节应该在课后落实，学生通过重复观看在预习环节的视频中预留的问题，并能顺利解答该章节重难点。

4. 翻转课堂模式在大学英语教学中的应用

（1）制作教学微视频

在翻转课堂模式下，教师要在课前备课环节制作教学视频，而视频时间通常为10~15分钟，主要内容包括本节课的重难点知识或者对课堂教学内容的补充，让学生在有限的时间学习更多的知识。而教师要想发挥翻转课堂模式的优势，就要保证在制作视频时充分钻研教材，并吸取其他教师的经验，针对性地培养学生的英语能力。同时可以将视频作为教学资源上传到学习群中，供学生随时观看。另外，教师应该发挥评价的作用，做好教学反馈，并在课堂中及时回应学生，还可以通过线上互动来构建良好的师生关系，便于教师了解学生对知识的掌握情况，从而及时调整教学，使教学更加有效。

（2）转变教学观念，迎合学生兴趣

要想充分提高翻转课堂的教育教学能力，就需要对现代化信息建设的水平进一步进行改进和优化，提高对信息化建设项目的重视，从各个角度为教育教学的开展奠定坚实的基础。一是大学教师要积极转变教育教学理念，提高对教育教学信息化的重视程度，紧跟时代发展的脚步，对自己的教学观念进行改进。例如，高等院校可以积极组建相关的教学研讨小组，对学校的翻转课堂建设进行监督和调控，及时对翻转课堂的内容和教学模式进行调整，促进英语教学的信息化建设。此外，学校要加大投资力度，建设相应的电子信息设备，加强基础设施建设，推动翻转课堂的信息化建设。二是教师要与时俱进地转变自己的教学理念，用新颖的教学方式开展教学活动，增强课堂的趣味性，提高学生的参与度，改变传统的填鸭式教学，培养学生对英语这一科目的学习兴趣。

翻转课堂教学模式的应用实现了师生的角色互换，将学生作为课堂的主体，这也是英语教学改革的核心。为此，在这种教学模式下，教师应该转变以往的教学理念，从学生的角度出发，充分考虑学生的实际需求，并根据学生的兴趣爱好针对性地开展教学。教师在英语教学过程中融入学生感兴趣的元素，可以为学生创设他们喜欢的情景和氛围，让学生感受英语学习的乐趣，从而在轻松的氛围下获取知识。另外，教师在设计课堂活动时可以让学生参与到这个过程中，以此来优化教学内容，使教学迎合学生的兴趣与需求，从而吸引学生的注意力，进而创设快乐、和谐的课堂氛围，增强学生学习英语的动力。

（3）教师提升自身专业能力和信息素养

一方面，教师首先要提高自身的英语水平和职业素养，从而为课堂教学工作的开展奠定基础；同时，教师应该树立终身学习的意识，不断提升自己，掌握更多的英语知识，以此来提升自身的专业素养和教学能力。另一方面，教师要提升自身信息化素养。翻转课堂依托现代化技术进行，教师要掌握现代化教学技术，如制作视频、制作PPT、操作电子白板等。在大学英语课堂中借助先进的信息技术可以更好地应用翻转课堂模式，优化教学效果。而且信息技术的应用可以提高教学的先进性，促使教师不断提升自己的信息应用能力和综合素养，同时可以让教师将知识与信息技术相结合，进而提高翻转课堂教学模式的应用效果。

如今，翻转课堂作为新型教学模式，在大学英语教学中发挥着至关重要的作用，它不仅可以激发学生的学习兴趣，还可以提高学生的英语学科素养，锻炼学生的英语能力。

三、不同语言教学方法的变化

首先,从世界范围来看,语言方面的教学方法在很长的历史发展阶段中出现了十分丰富的类型,比如有以下几种。

1. 语法翻译法

早期的外语教学简史主要是指 20 世纪之前的外语教学历史。外语教学方法研究历经数百年,其间经历了不同的发展阶段。早在 15 世纪之前,拉丁语在西欧日常生活、教育等方面为通用语言,那时的外语主要以拉丁语为主。而语法翻译法(grammar-translation method)源于 16 世纪,当时拉丁语处于重要地位,但法语、意大利语、英语开始受到重视,逐渐成为口语、书面语交际的主要媒体。学习古典名著必须学习拉丁语,而当时的教学主要靠分析语法来进行翻译。因为这个时期的外语学习主要是对文本进行语法分析、翻译,所以这种教学方法就被称为"语法翻译法"。此法的主要特点是:用母语教学,很少用目的语;用词汇表孤立地教学大量词汇;对语法现象进行冗长的、精心设计的讲解;提倡阅读艰深的古文,并将课文作为分析语法和翻译的练习材料;很少注意语音。语法翻译法对教师的要求不高,使用简便,虽然不断受到批判,但一直沿用,并未中断。从 16 世纪到 19 世纪中叶,语法翻译法一直在外语学习过程中占据主导地位。语法翻译法之所以能够在外语教学领域得到较长时间的广泛应用,与现代心理学尚未产生和产生早期没有得到充分发展有直接关系。到了 19 世纪中叶,世界在政治、经济等方面发生了诸多重大变化,国家之间的交流不断增强,语言教学方法需要创新,因此语法翻译法受到了挑战。虽然 19 世纪以后,新的教学法如雨后春笋,不断涌现,但是直到今天,语法翻译法仍然有生存的空间。此外,语法翻译法在 20 世纪以前的外语教学中一直占据主导地位,随后出现了"直接法"。进入 20 世纪,直接法受到了挑战,外语教学研究中出现了多种教学方法,每种教学方法都与当时的社会背景有密切联系。

2. 直接法

语法翻译法之后比较有代表性的教学法是"直接法"。直接法(direct method)兴起于 19 世纪末。当时,直接法在法国和德国受到了官方认可并得以推广。此法的特点是:用现代语体的故事轶闻或对话教学;不用母语和翻译,而用动作或图画辅助做口头陈述,用目的语问答;用归纳法教语法,有了实际体验后才对语法进行概括;阅读文学作品是为了理解和欣赏,不做语法分析;与外语有关的文化也用归纳法进行教学。直接法受到很多学者的赏识,出现了与直接法有关联的一些流派，如自然法、古安法、贝立兹法、帕默法、韦斯特法、自觉实践法等。此外，直接法强调课堂教学只能讲授目标语，目标语以日常词汇和句子为主，师生间以"提问—回答"的方式训练学生口语技能，语言以归纳的方式讲授，具体的词汇可以通过图片等形式学习，抽象的词汇通过意思之间的联系进行学习，强调语法正确和发音准确。但直接法在外语教学过程中也暴露出一些问题。这种教学方法要求教师应为讲母语者，或像讲母语者一样对外语熟练，教学在很大程度上取决于教师的外语熟练程度，而不是教材。但在实际教学过程中，并非所有教师都能达到对所讲授外语熟练掌握的程度，由于直接法缺少完整的教学法基础，这种教学方法逐渐被其他教学方法取代。进入 20 世纪后，更多的教学方法开始出现，一场对外语教学方法的革新活动就此拉开了序幕。虽然直接法因完全排斥母语与翻译，遭到了批判并走向没落，但直接法的优点也被后来的教学流派继承了下来。

3. 自然法

19 世纪，苏格兰古典语言教授、教学法专家布拉奇（John Stuart Blackie）最早使用"自然法"（natural method）这个名称，当时自然法的秘诀是：直接求助于耳朵获得语言；所听到的音与所指的物直接联系；连续听、反复听，让听的东西激起学生的注意和共鸣。德国教师赫内斯（Gottlieb Heness）、法国教师索沃尔（Lambert Sauveur）和乔利（Nicholas Joly）等用自然法在德国和美国教授德语和法语均获得成功。法国的古安（Gouin）也宣传了自然法，产生了较大影响。但与直接法相比，自然法还不具备系统的讲授和练习框架。

4. 自觉对比法

自觉对比法（conscious contrast method）又称为"比较教学法"或"翻译比较法"，是通过目的语与母语的对比来学习外语的一种方法。自觉对比法正式产生于 20 世纪 30 年代的苏联。自觉对比法在 20 世纪 30 年代至 20 世纪 60 年代成了苏联的法定教学法。此法与语法翻译法有许多相同之处，算是经过改进的语法翻译法。它提出的从自觉到不自觉的对比可以预防母语干扰这一主张，有一定的积极意义。

5. 自觉实践法

20 世纪 60 年代至 20 世纪 70 年代，苏联与其他国家的联系日益密切，外语人才严重不足。自觉对比法注重语法与翻译，难以培养具有交际能力的外语人才，由此出现了自觉实践法。自觉实践法（conscious practice method）的代表人物是别利亚耶夫（B.V. Beliajev）。自觉实践法的理论基础是教育心理学和语言心理学，以谢尔巴（Lev Vladimirovich Sherba）有关语言、言语、言语活动的"三分说"为依据，而谢尔巴之说源于索绪尔（Ferdinand de Saussure）的理论。他们强调直观教学，也考虑必要时使用母语。

6. 情境法

情境法（situational method）有一个发展的过程，早期重在结构情境，后期重在交际情境。由于情境法也出现在许多别的教学法中，因此一些人不认为它是一个独立的教学法。但是情境法有其自身发展的历程，常常被看作与直接法、视听法、功能法并立的一种方法。20世纪中叶，具有独立地位的情境法被提出，情境法同句型系统结合起来，可叫作"情境和句型教学法"，属于结构情境法。

7. 听说法和结构法

20世纪30年代，口语法和情境法在外语教学中占据了主导地位，一批英国语言专家成了这种教学法的主要倡导者。但进入40年代，外语教学中出现了听说法，这种教学法主张"听说领先"。即听说法（audio-lingual method）是通过耳口训练发展外语口头表达能力的教学法，20世纪40年代至20世纪50年代盛行于美国。由于听说法严格建立在结构主义语言学的基础上，习惯上人们也把听说法称作"结构法"（structural method）。听说法源于直接法，但理论基础是行为主义，认为语言学习是一种行为习惯的听说法受到了行为主义心理学的影响，行为主义心理学强调的是刺激 - 反应原理，认为语言学习是一个形成习惯的过程。着力研究听说法的专家有受布龙菲尔德（Leonard Bloomfield）影响的帕默（Harold Edward Palmer），还有弗里斯（C.C.Fries）等语言学家。听说法的原则是：语言是说出来的，教学以对话为主；语言是一套习惯，要依赖模仿和记忆学习；按顺序安排语法结构，反复操练句型结构，适时归纳、对比，但不用演绎解释；语言技能按听—说—读—写顺序进行训练；高度重视语音语调；允许教师用少量的母语；极力防止学生出错，强化正确答案；注意所学语言的文化背景，但有重语言、轻内容的倾向。第二次世界大战期间，美国军方急需外语人才。美国学术团体联合会在1941年制订了语言集中教学计划，并据此编写教材。1943年，美国55所高校用听说法9个月突击培养了15 000名懂得各种语言的军人。在战争期间，语言学家编写了大批语言教材与工具书，使听说法广为流传。需要认识到，在语言学习上，行为主义心理学强调机械性训练，重视模仿。在课堂教学实践过程中，听说法显得非常枯燥，教学效果不尽如人意；在理论上，听说法受到了一些学者的否定，一些学者认为语言学习不是习惯问题，人脑具有内在的语言习得机制，通过这个机制形成一个生成转换结构，并创造出新的语言。由此，听说法在语言教学中开始衰落。

8. 视听法

视听法（audio-visual method）是通过视觉感受和听觉感受相结合来学习外语的方法。视听法首创于法国，后在法国教育部领导下由法语研究推广中心进行实验，负责人为古根汉（G.Gougenhem）。他们在教学中充分利用电化视听设备，取得了良好的教学效果。视听法迅速推广到一般学校，到20世纪70年代已普及世界各国。视听法不仅强调听，还强调看，听录音，看画面；继承了结构法，注重结构；着眼于整体（holistic）。该法借助情景把图像与词语结合起来，构成一个言语行为的整体，帮助培养听、说、读、写的全面技能或整体语言能力。

9. 认知法

1957年，转换生成语法的提出，大大动摇了结构主义语言学的地位。同时，布鲁纳（Jerome Seymour Bruner）的课程论、教学论和皮亚杰（Jean Piaget）、奥苏贝尔（David Pawl Ausubel）等的认知心理学的兴起，催生了认知法（cognitive approach）。虽然很少有以认知法来编写的教材，但很多教材编者都将认知法的原则贯彻到自己的教材中。认知法有异于结构法的观点有：认为语言学习是形成规则而非形成习惯，要依靠分析进行学习，不鼓励重复操作；不强调语音，但强调交际使用能力；认为读写与听说同等重要，不认为要先听说后读写；认为语言错误不可避免，要进行系统的教学和解释，并对错误进行必要的矫正；不把教师看作绝对的权威，而把教师看作学生学习的促进者，并鼓励学生进行小组学习；允许使用母语和进行翻译。认知法也提倡使用视听教具进行情境化教学。

10. 功能法或意念功能法

功能法（functional approach）是从语言信息和交际功能出发组织教学的方法，重视语言所能做的事，即传达信息和表达思想的语言行为（speech act），主张以语言功能项目为纲进行训练，而不是只从语言形式入手进行训练。20世纪60年代至20世纪70年代，欧洲共同体国家原有的外语教育体系已不适应形势的需要，为了解决共同体内部的语言障碍问题，需要培养大批称职的外语人才。1971年5月，欧洲共同体文化合作委员会在瑞士吕施利孔（Rilschlikon）召开座谈会，会议由特里姆（John L.M. Trim）负责。会后发表了一批有影响的功能法文章，并形成了论文集。这为20世纪80年代语言课程和语言教科书设计奠定了理论基础。功能法的理论基础主要是语言学，特别是社会语言学，其中有弗斯（Firth）和韩礼德（M.A.K. Halliday）的功能语言学、威多森（H.G.Widdowson）的功能教学法、海姆斯（D.H. Hymes）的社会语言学等。

功能法的教学原则主要有：综合利用言语交际的 8 个要素，即功能，意念，场景，社会、性别、心理作用，语体，重读和语调，语法和词汇，体态语；教学过程交际化，以学生为中心，创造真实的交际环境进行活动；将真实的语言材料编进教材或用其进行教学；采用分级的方式安排教学内容，同样的场景由易到难分步循环出现；采用接触—模拟—迁移（自由表达）的教学程序。

运用功能法编制的教材大体有 4 个类型：纯功能组织；结构—功能组织；功能—结构组织；"题材范围"编排系统。

11. 交际法

交际教学的原则有：学习者通过运用语言，于交往中学习语言，学习者必须参与语言交往活动，分享和传递信息；真实的、有意义的交际是课堂活动的目的，重视信息的共享与传递；语境、语言的意义和语言流利性处于重要地位；交际需要不同技能的整体训练（holistic practice）；学习是一种创造性建构的过程，必然涉及尝试和犯错，需注意语言习得认知过程，并学习使用交际策略；要求学习者与人互动，开展两人或多人小组合作学习；审慎地使用母语与翻译是可行的。

12. 折中法

折中法（eclectic method）又称"妥协法"（compromise method）。严格来说，这不是一种教学法，只是一种灵活的操作方式。早在 19 世纪末 20 世纪初就有人提出了综合性的、折中性的教学方法。1921 年，外语教学采用的"复线法"（multiple line of approach）受到提倡，即把每一种能达到教学目的主义和方法都运用于教学，不带偏见。这种观点得到了英国中学教师协会的响应。20 世纪 80 年代，很多人也主张把未来的教育改革建立在明智的折中主义的基础上。

一些别的教学法，如全身反应法、沉默法、社团语言学习法、暗示法、沉浸法、词汇法、合作学习语言法、内容型教学法、任务型教学法等，也曾被提出。几百年来，世界上语言教学方法，层出不穷。

教师必须针对学生的实际需求从各种方法中取其所长，综合运用，方能切实解决问题。在选择方法时要考虑 6 个因素：(1) 学生的情感（affect）、态度和经历；(2) 可理解的语言输入（input）和语言学习，特别在低年级要注意语言形式的学习；(3) 通过有意义的任务型活动（说写或听说）产出语言（output）；(4) 鼓励学生观察、发现和认知（cognitive effort）语言规律；(5) 词汇和语法（grammar and lexis）同等重要，因为如何组词表达语义、构建语法是基础学习中最重要的部分；(6) 在何处、为何目的、如何教学（how、why、where），不论在哪个学段都需要清楚自己为什么用某种方法进行教学。这就意味着，如今已经进入了"后方法时代"（post-methods era）。

可以说，每种教学法的出现都与社会背景有紧密联系，都在社会背景下产生过积极的影响作用。从历史和发展的观点来看，每种教学法都是随着社会发展需要而产生的，每种教学法有自身的特点，不存在孰优孰劣的问题。

第二章 大学英语教育的理论分析

本章的内容是大学英语教育的理论分析,从理论层面上展开了具体的论述,主要从大学英语教学的目标与原则、大学英语教学的理论基础、英语教学中的文化影响三个方面展开了具体的分析。

第一节 大学英语教学的目标与原则

大学英语是高等教育的必修课,它采用多种教学方法,借助英语教学理论,提升学生的英语知识水平和应用技能,培养学生的跨文化交际能力,指导学生运用有效的学习策略,提高学习效率。

大学英语教育的最终目标是确保学生具备一定的英语沟通能力,重视对学生听力和口语能力的训练,提高学生的英语应用能力,为学生未来的职业和生活规划奠定坚实的基础,这是大学英语教育的现实目标。此外,大学英语教育从我国的社会发展和国际交流需求入手,重点培养学生的自学能力,提高学生的综合文化素质,促进学生的全面发展。

一、大学英语教学的目标

不同地区的大学都有各自的办学目标和特点,大学英语教育不可能完全一致,需要根据不同大学的实际需求来制订英语教育指导计划与具体策略,要适应实际情况的变化,灵活调整大学英语教学的模式、内容和方法,实现个性化的英语教育。

《大学英语课程教学要求》(2007年版,以下简称《课程要求》)对大学阶段的英语教学要求分为三个层次,即一般要求、较高要求和更高要求。这是我国高等学校本科生经过大学阶段的英语学习与实践应当达到的标准。一般要求是高等学校非英语专业本科毕业生应达到的基本要求;较高要求或更高要求是为有条件的学校根据自己的办学定位、类型和人才培养目标所选择的标准而推荐的。各高等学校应根据本校实际情况确定教学目标，并创造条件，使那些英语起点水平较高、学有余力的学生能够达到目标。

（一）一般目标

（1）听力理解能力：能听懂英语授课；能听懂日常英语谈话和一般性题材的讲座；能听懂语速较慢（每分钟130~150词）的英语广播和电视节目，能掌握其中心大意，抓住要点；能运用基本的听力技巧。

（2）口语表达能力：能在学习过程中用英语交流，并能就某一主题进行讨论；能就日常话题用英语进行交谈；能经准备后就所熟悉的话题做简短发言，表达比较清楚，语音、语调基本正确。能在交谈中使用基本的会话策略。

（3）阅读理解能力：能基本读懂一般性题材的英语文章，阅读速度达到每分钟70词；在快速阅读篇幅较长、难度略低的材料时，阅读速度达到每分钟100词；能就阅读材料进行略读和寻读；能借助词典阅读本专业的英语教材和题材熟悉的英语报刊文章，掌握中心大意，理解主要事实和有关细节；能读懂工作、生活中常见的应用文体的材料；能在阅读中使用有效的阅读方法。

（4）书面表达能力：能完成一般性写作任务；能描述个人经历、观感、情感和发生的事件等；能写常见的应用文；能在半小时内就一般性话题或提纲写出不少于120词的短文，内容基本完整，中心思想明确，用词恰当，语意连贯；能掌握基本的写作技能。

（5）翻译能力：能借助词典对题材熟悉的文章进行英汉互译，英汉译速为每小时约300个英语单词，汉英译速为每小时约250个汉字。译文基本准确，无重大的理解和语言表达错误。

（6）推荐词汇量：掌握的词汇量应达到约4 795个单词和700个词组（含中学应掌握的词汇），其中约2 000个单词为积极词汇，即要求学生能够在认知的基础上在口头和书面表达两个方面熟练运用词汇。

（二）较高目标

（1）听力理解能力：能听懂英语谈话和讲座；能基本听懂题材熟悉、篇幅较长的英语广播和电视节目，语速为每分钟150~180词，能掌握其中心大意，抓住要点和相关细节；能基本听懂用英语讲授的专业课程。

（2）口语表达能力：能用英语就一般性话题进行比较流利的会话；能基本

表达个人意见、情感、观点等；能基本陈述事实、理由和描述事件，表达清楚，语音、语调基本正确。

（3）阅读理解能力：能阅读英语国家大众性报纸杂志上一般性题材的文章，阅读速度为每分钟 70~90 词；在快速阅读篇幅较长、难度适中的材料时，阅读速度达到每分钟 120 词；能阅读所学专业的综述性文献，并能正确理解中心大意，抓住主要事实和有关细节。

（4）书面表达能力：能基本上就一般性的主题表达个人观点；能写所学专业论文的英语摘要；能写所学专业的英语小论文；能描述各种图表；能在半小时内写出不少于 160 词的短文，内容完整，观点明确，条理清楚，语句通顺。

（5）翻译能力：能摘译所学专业的英语文献资料；能借助词典翻译英语国家大众性报刊上题材熟悉的文章，英汉译速为每小时约 350 个英语单词，汉英译速为每小时约 300 个汉字，译文通顺达意，理解和语言表达错误较少；能使用适当的翻译技巧。

（6）推荐词汇量：掌握的词汇量应达到约 6 395 个单词和 1 200 个词组（包括中学和一般要求应该掌握的词汇），其中约 2 200 个单词（包括一般要求应该掌握的积极词汇）为积极词汇。

（三）更高目标

（1）听力理解能力：能基本听懂英语国家的广播电视节目，掌握其中心大意，抓住要点；能听懂英语国家人士正常语速的谈话；能听懂用英语讲授的专业课程和英语讲座。

（2）口语表达能力：能较为流利、准确地就一般或专业性话题进行对话或讨论；能用简练的语言概括篇幅较长、有一定语言难度的文本或讲话；能在国际会议和专业交流中宣读论文并参加讨论。

（3）阅读理解能力：能读懂有一定难度的文章，理解其主旨大意及细节；能阅读国外英语报纸杂志上的文章；能比较顺利地阅读所学专业的英语文献和资料。

（4）书面表达能力：能用英语撰写所学专业的简短的报告和论文；能以书面形式比较自如地表达个人的观点；能在半小时内写出不少于 200 词的说明文或议论文，思想表达清楚，内容丰富，文章结构清晰，逻辑性强。

（5）翻译能力：能借助词典翻译所学专业的文献资料和英语国家报刊上有一定难度的文章；能翻译介绍中国国情或文化的文章，英汉译速每小时约为 400

个英语单词，汉英译速每小时约为 350 个汉字，译文内容准确，基本无错译、漏译，文字通顺达意，语言表达错误较少。

（6）推荐词汇量：掌握的词汇量应达到约 7 675 个单词和 1870 个词组（包括中学、一般要求和较高要求应该掌握的词汇，但不包括专业词汇），其中约 2 360 个单词为积极词汇（包括一般要求和较高要求应该掌握的积极词汇）。

上述三个要求是作为各高等学校在制订该校大学英语教学文件时的参照标准。各高等学校可以根据本校实际情况，对三个要求中的听力、口语、阅读、写作、翻译及词汇量的具体要求与指标进行适当的调整，但要特别重视对听说能力的培养和训练。

二、大学英语教学的原则

大学英语教育随教学地点、目标或其他因素的变化而有所不同。但是，不同大学的英语教育是有共同点的。对这些共性的分析能够总结出普遍适用于大学英语教育的原则。

（一）需求导向原则

需求导向原则，即坚持以行业需求为导向，以能力培养为目标，以学习者为中心的教学内容选用原则。相比专业课，很多学生学习英语的内动力和外动力略显不足，课上学习依然是学生提升英语能力的主要渠道，教学内容的选择应兼顾学生的基础和职业能力培养目标。以某高等院校为例，在选用教材时，围绕行业真实需求，以未来岗位所需的社会能力、专业通用能力、专业专项能力、方法能力为培养目标，在以学生特点为中心原则的基础之上，充分考虑了以下四点：一是从真实工作场景中提取素材，语言地道、规范，如每课中都有真实场景的对话，并配有音频和角色扮演练习；二是内容丰富、全面、实用性强；三是图、文、声并茂，如对一些专业词汇的导入，通过图文等方式使表达更直观易记；四是练习富于实践性、开放性和趣味性，如有一些课后的练习是角色扮演的拓展练习，这对学生虽是挑战，但充分激发了他们的想象力和创造力。总之，好的教学内容能使师生围绕综合职业能力这条主线，通过具有真实职业情景特点的教学活动与未来的工作过程贯通衔接。

（二）交际性原则

交流是语言学习的最终目标，人们将语言作为交流和表达思想的媒介。交际是在特定语境中说话者与听话者、作者和读者之间的意义转换。根据传播学的定义，可以得出四个有关交流的认识：①交流有书面和口头两种形式；②交流必须在特定环境下进行；③要组织交流，必须至少有2个人参加；④交流是参与者之间的互动。

交流的过程是在各种情况下正确表达语言的过程。大学英语学习不再局限于基本理论知识的学习，而是一种实用且系统的英语知识学习过程。由于学生实践能力的培养是大学英语教育的核心内容，因此大学英语教师必须充分认识到这一点，并积极营造多样化的交流环境，以提高学生的交流能力。教师应鼓励学生使用英语进行日常交流，以便学生运用所学知识实现提高其语言运用能力的目标。为了促进这一目标的实现，教师必须进行以下努力。

1. 认识本质

英语学习不仅是一个知识积累的过程，而且还是一门重要的技能培训课程。学习和使用英语是大学英语教学的基本组成部分，也是大学英语教学的核心。大学英语教育的关键不在于学生可以获得多少知识，而是他们是否可以使用沟通工具来提升自己的沟通技巧。大学英语学习与很多其他学习活动相似，只有通过不断练习才能提高学习效果；只有认识到大学英语教育的这种重要性质，才能更好地学习英语并发展英语技能。

2. 设计情境

英语交流应在特定的语言环境中进行，所以要根据语言交流的特质为学习者创造适当的环境。情境的设计应包括时间、地点、参与者、沟通方式（口头或书面）、主题讨论等。以上所有因素均对交流产生重大影响，双方的身份、年龄和学历都会影响交流的内容。有些具有较高社会地位的人的语言在交流中更加礼貌和正式，而有些中下阶层的人的语言则更为口语化。各种现实情况对情绪和思想的表达都有重要影响，如"Can you tell me the time?"可能意味着某人需要知道当前的时间，或者是在指责另外一个人迟到了。因此，在大学英语课程中，教师就要为学生设计相应的情境，尽可能与学生的真实生活联系在一起，以便学生能够更好地沉浸于英语学习中。这样不仅会增加学生的学习兴趣，还有助于学生更多地应用他们所学的英语知识，实现对知识的巩固。

3. 精讲多练

大学英语教育主要是关于语言实践的。基于学生已经具备一定的英语知识，教师可以尽可能简洁地强调核心内容，进一步增强英语教学的实用性。因此，教学活动与实践的联系尤其重要，教师在讲解重要知识和基础知识的基础上要开展实践活动，以便学生在实践中发现和解决问题，展示沟通技巧，并将其所学知识融入自己的实践活动中。教师要激发学生参与各种实践活动的热情,使学生可以通过长期的实践练习来提高英语沟通能力。

(三)以学生为中心原则

1. 教材分析

在分析教材时,教师必须充分理解和掌握教材的内容,利用以往的教学经验选择教材中合适的教学内容,确定符合学生实际情况的学习目标和任务。教师可以主动优化教材内容,以更好地满足学生的学习需求。

2. 备课活动

备课是教育活动的重要组成部分,教师可以通过备课来满足学生需求。因为教师能够通过课堂测验或考试成绩来了解学生的学习状况,这就使得教师可以根据学生的学习水平、能力、学习方式和学习态度来设计教学实践活动,这个过程就是备课的过程。教师应尽最大努力在备课中设计更多开放性的学习任务,以促进所有学生共同参与,使他们真正成为学习的主人。

3. 教育活动

每个学生的个性和水平都存在差异,因此教师必须结合每个学生的特点、兴趣和知识结构等实际情况来设计各种教学活动。例如:一些同学开朗、热情、善于交际,经常自觉地参与英语交流学习活动;而比较害羞内向的学生对英语教育交流活动的参与度就比较低。这要求教师全面考虑并尊重学生的个体差异,设计所有学生都可以参加的教育活动,充分调动每个学生的积极性,以便使所有学生都可以有效地锻炼自己的英语能力。

4. 教学方法

在教学中,教师必须根据教学内容的特点选择最合适的教学方法,以提高教育质量。使用直观的教学方法可以唤醒学生的视觉和听觉,动员学生参与知识学习,如幻灯片和投影等手段,可以通过知识的可视化来强化知识的记忆效果,帮助学生更好地理解和记住知识。总之,教师灵活采用合适的教学方法,可以营造更好的学习氛围,使学生在放松的状态下完成语言学习。另外,教师必须即及时对学生进行评估,这样学生才能及时发现自己的不足之处。

(四)兴趣性原则

1. 尊重学生

学生是学习的主体,并且是整个学习活动的重要参与者。在大学阶段,学生的世界观、人生观与价值观会逐渐形成。在教育活动中,教师不必根据自己的经验为学生规定必修的学习内容和作业,而要充分尊重学生的心理,根据学生的需求确定学习内容。大学是英语知识学习的一个新阶段。在这个阶段刚开始的时候,学生可能会缺乏自制力,必须在教师的监督和指导下才能成功完成学习任务。随着时间的推移,学生就会具备越来越强的自我管理能力,可以对自己的学习负责。教师必须放弃以自己为主的教学模式,不过多地干涉学生的学习,要尊重和理解学生的兴趣爱好和学习心理。

2. 摒弃灌输

交际练习是英语学习的高级阶段。在这一阶段,学生必须记住一些语法知识和词汇,并且要遵循一定的学习规律。教师在教学活动中要向学生介绍有效的英语学习策略,以便学生能够理解并记住英语知识。教师必须科学设计教学过程,并在教学过程中创建真实的语用场景,以便学生可以获取和内化现实世界中的知识。以往灌输式、脱离实际的教学模式必须被摒弃。

3. 增加沟通

在大学课堂上,来自各地的学生聚集在一起,他们在性格、习惯等方面都存在一些差异。作为教学组织者的教师应鼓励学生参加各种教育活动,促进学生之间的互动,并通过彼此沟通与学生建立良好的友谊,以便更好地了解彼此。实践证明,教师的个性、爱好和其他个人特点会影响学生的学习效果。个性强的教师会自然地吸引学生,并使他们更愿意参与教学过程。换句话说,学生对英语教师的态度决定了他们对英语课程的态度。因此,教师应通过尽可能提高他们的个性吸引力来提高英语教学的质量,从而鼓励学生更好地学习英语。

(五)输入优先原则

输入是指学生通过听力和阅读获得语言材料。输出则是指通过口头和书面表达思想。心理学研究表明,输入是输出的基础,只有足够的输入才能产生输出。学生的语言输入量越大,语言输出能力就越强。

(六)循序渐进原则

任何事物都是循序渐进地发展起来的,英语的教与学也是如此。学生的英语学习必须经历一个由易到难、由外到内的吸收和消化过程,这样才能真正掌握学到的知识,才能将这些知识变成自己的东西并应用自如。因此,英语教学也必须遵循人类认知的渐进规律,遵循循序渐进的原则。

第二节　大学英语教学的理论基础

一、认知心理学

认知心理学研究在 20 世纪中叶以后得到快速发展，对阅读与记忆的研究从实验法开始转向真实的课堂情境，其信息处理模式包括瞬时记忆、短时记忆和长时记忆，认知者对信息注意、识别、记忆和解决问题的自动处理可以帮助其完成复杂的认知活动。

（一）认知心理学发展概述

1. 认知心理学的早期发展

作为心理学的一个研究分支，认知心理学肇始于 20 世纪 50 年代，在 20 世纪 60 年代得到迅速发展。经过 20 多年的发展，到了 20 世纪 80 年代，认知心理学已基本取代行为主义心理学，在心理学研究领域占据了主导地位，并成为心理学研究领域的一个主要流派。对信息的认知处理过程，如感觉、注意、知觉、记忆、思维等，是认知心理学的主要研究内容；信息如何在人脑中加工处理、存贮、记忆及提取，是认知心理学与行为主义心理学的主要不同之处；人脑的内部活动是如何受情境及个体自身发展影响的，成为认知心理学关注的内容；认知心理学更加强调意识和认识的高级过程，更加追求通过实验技术来分析人脑对信息的加工处理过程。

2. 认知心理学的研究转向

随着第二代认知科学的兴起，认知心理学的研究也发生了转向。认知心理学的主要研究方法是实验方法，控制条件下的实验方法是认知心理学研究的主要模式，这种模式存在的主要问题是研究过程脱离真实情境。由此，认知心理学的第一个转向就是从控制实验分析到情境分析。认知心理学的研究开始转向真实的课堂情境，通过真实的课堂情境对学生的阅读与记忆进行研究。对认知过程进行具体的研究是情境分析的主要特点，该研究过程不但要分析内在情境，同时还要分析外在环境。内在情境分析主要包括认知者动机、态度、能力和需求，外在环境分析主要包括时间、地点和条件等。

认知心理学的第二个转向就是从探讨个体内部心理加工机制转向探讨分析社会实践活动。认知不是一个孤立的个体行为，人的认知活动发生于社会实践过程中，是与环境相互作用的过程。对内部机制的探讨是传统认知心理学研究的重点，这种研究试图发现一种一般的认知机制，这种机制适合所有的认知活动。但是，现实中的认知活动受到多种因素的影响，每种认知活动都具有特殊性，都是发生在具体的社会实践活动中的，因此对认知活动过程进行分析就要与具体的实践活动相结合。

在第二代认知科学动力认知观的影响下，认知心理学开始从静态的表征转向认知的动力学分析。与传统认知心理学的表征方法不同，动力学分析更注重认知过程如何产生变化、外部环境与认知过程如何相互作用与影响等，从而促进认知者的认知活动效果。至此，认知心理学的研究领域和范围得到了进一步扩大，这为今后将认知心理学的理论研究成果应用于社会实践奠定了基础，也为将认知心理学理论研究成果应用于外语教学实践打下了理论基础。

（二）认知心理学对知识的分析

1. 知觉

认知心理学对知识的研究分析是将知觉、注意及记忆这些认知功能与知识关联在一起。知觉是认知功能的一种表征形式，它与注意和记忆等认知功能共同构成了信息处理的复杂认知过程。知觉是在已有知识和经验的基础之上，通过现实刺激与已有的知识经验相互作用，完成信息加工处理过程。知觉认知过程的第一个环节来自外界环境对人脑信息所产生的影响作用；第二个环节是从物理能量转换为神经事件，这个环节通过人的神经系统进行，然后通过感觉传导，将感觉功能从物理水平发展到生物水平，最后从生物水平发展到社会水平；在最后一个环节中，物理刺激转化为心理事件，最终发展成为认知者的意识经验和行为反应。由此可以看出，知觉是一种生物、物理过程，它的前提是感觉输入，并涉及行动。知觉的这些特征对语言使用具有理论意义。例如，读者在阅读过程中，当读到阅读材料中的一个句子时，就会形成感觉注意，在对这个句子进行语义信息处理时，语境就会成为环境条件。

2. 记忆

人脑通过知觉从外部环境获取信息，通过记忆将这些信息贮存在大脑中，由此人脑可以累积信息知识并在以后加以使用。人脑中的信息在日常活动中不可缺少，这些信息属于认知信息。按照信息与记忆、认知水平之间的关系与表现，认知信息被划分为感觉信息和语义信息。在刺激作用下，感受器能够直接获取一部分信息，这部分信息与下一个认知环节没有直接联系，也不构成认知活动的本质信息，这属于感觉信息。语义信息是抽象的一般信息，它与上一个或下一个认知环节都有联系，是认知活动的本质信息，并与知识相关联。

按照记忆的阶段性，记忆可以分为瞬时记忆、工作记忆和长时记忆。感觉信息在记忆中的停留极为短暂，部分信息丢失，部分进入工作记忆。工作记忆又被称为"短时记忆"，信息在这个阶段有短暂停留，这个阶段的信息可以被提取，也可以被遗忘，是信息进入长时记忆的一个中间环节。与瞬时记忆和工作记忆不同，信息在长时记忆中可以长久保存，它能够为未来人们学习和使用语言提供一定的知识基础，同时它还可以将人们过去、现在和将来的活动形成一个整体，从而使知识得到进一步发展。认知心理学又将长时记忆划分为情节记忆和语义记忆。情节记忆是与个人特定时间或事件相联系的信息；语义记忆是贮存在人脑中当人们使用语言时所需要的语义信息。

3. 知识的表征

在对知识的分析上，认知心理学的学者认为，知识的来源主要有三种形式。第一种是从外界获取的贮存在记忆中关于对象或事件的经验，这些经验可通过知识的形式表现出来。第二种来源是提示，如语言使用过程中的图示、话语标记等。知觉行为本身是知识的第三种来源，如在语言学习过程中，阅读一篇文章，能够建立起一些关于这篇文章的语篇内容知识。知觉信息能够促使知识的产生，知识又能够对知觉信息产生积极的影响作用。在信息加工处理过程中，知觉表现为自下而上和自上而下两种模式。自下而上的模式指信息的流动从较低水平向较高水平进行；自上而下的模式揭示的是高级阶段已有知识和信息对低级阶段信息处理的影响。在知识不足或缺乏的情况下，自上而下的模式将很难进行，从而造成预期受阻或不准确。将认知过程中的知觉、注意、记忆与知识联系起来进行分析，形成了知识的认知心理学研究方法。

（三）认知心理学对信息处理的研究

1. 信息处理模式

认知心理学的信息处理模式包括瞬时记忆、短时记忆和长时记忆，短时记忆又叫"工作记忆"。首先感知到输入信息的是瞬时记忆，瞬时记忆中的信息经过处理进入短时记忆，在短时记忆中与目标相关的信息被贮存到长时记忆中，直到以后需要时再次出现，贮存在长时记忆中的信息能够影响瞬时记忆对信息的处理。认知心理学研究者认为区分记忆中的知识类型很有意义，他们将贮存在长时记忆中的知识分为陈述性知识、程序性知识和条件性知识。研究发现，大部分学习过程中这些类型的知识之间都是相互影响、相互作用的。

认知心理学认为，采用不同方法编码复述需要记忆的信息能对记忆效果产生很大影响。例如，按照单个字母顺序记忆一个单词，这种方法叫作"维持性复述"，这种方法的短时记忆效果明显，但长时记忆效果不佳。把一个单词划分成更小的意义部分，按照音节记忆单词，如对于一些比较难于记忆的长单词来说，可以将它们分解成有意义的记忆单位，这种记忆方法叫作"详尽复述"，这种记忆方法能将需要记忆的信息与其他信息联系起来。对于长时记忆来说，详尽复述的记忆效果好于维持性复述，但详尽复述需要具有更强的认知能力。

2. 复杂信息的编码处理

对于复杂信息的编码处理，认知心理学研究认为，有效的记忆应该是主动的行为，而不是被动的接收过程。如果编码过程中对新输入信息的语义分析是记忆的中心内容，那么新信息就会以语义符号的形式贮存在记忆中。如果编码过程分析处理的只是输入信息的表面意思，新信息在记忆过程中就容易被遗忘。认知心理学认为，复述、对信息分类和记忆策略对记忆信息具有帮助作用。将新信息与个人背景知识相联系，提问和回答与新信息相关的内容，这些策略对编码记忆新信息具有积极作用。

从认知心理学对信息编码处理的研究可以看出，教师在外语教学过程中要尽可能帮助学生学习将编码策略与需要学习记忆的信息灵活联系起来，帮助学生多使用详尽复述方法进行记忆，鼓励他们成为主动学习者，使用能促进详尽编码的策略，同时要培养学生的元认知意识，除向学生讲述学习策略的意义，帮助他们在学习过程中学习运用相关策略外，还要让学生体会到使用策略对他们学习效果的促进作用。

（四）认知心理学与学习

1. 学习过程

认知心理学认为，学习是一个积极的知识构建过程，而不是被动的接受过程。学习过程是学习者的已有知识和所学新知识的互动过程，是在原有知识基础之上不断创新知识的过程，学习不仅仅是知识和技能的获取过程。认知能力的发展需要不断反复实践，知觉、注意、记忆、思维和解决问题的过程可以使认知者完成复杂的认知活动。例如，熟练的阅读者在阅读过程中可以迅速识别句子中的中性词的意思，同时能够自动快速理解句子的意思。

2. 自我意识和自我调节

认知心理学一直非常重视在学习过程中自我意识和自我调节的发展，这种发展对认知水平的提高非常关键。学习者关于自我意识和自我调节的知识及运用这些知识调节他们自身认知过程的能力,称为"元认知知识"。尽管知识和技能很重要,但学生运用学习策略及对所学知识的反思能力更为重要。学生们不但要学习所获取的知识,更要知道如何获取知识及如何思考。学习过程中,动机和信念不可缺少。成功的学习者不但善于理解学习内容,而且在学习过程中更积极、动机更强、更善于自我调节和自我反思。

二、生态给养理论对学习环境的影响

(一)学习环境概述

学习环境是一个广义的概念,囊括了与学习相关的物理环境、自然环境、精神环境和社会文化环境等方面,具有动态性和开放性特征。总的来说,学习环境指的是促进学习者发展的各种支持性条件的总和。中国语境下的大学英语教学主要发生在课堂中,所以课堂学习环境研究对于大学英语教学有重要的意义。然而,由于各种原因,大学英语学习环境存在一系列非生态化的问题,学生处于被动学习的状态,无法有效地从学习环境中汲取所需的营养,难以获得有力支持。鉴于此,本书这里探讨生态给养理论,分析其对大学英语学习环境的影响。

(二)生态给养理论

1. 简述

"给养"(affordance)一词是由生态心理学家吉布森(J.J.Gibson)于1979年创造的[①],此概念被介绍到国内后曾被翻译为"承担性""支持能力"和"负担性"等。给养是环境中蕴藏的可以引起有机体行动的潜在可能性或机会,自然界的有机体通过感知和解读周围的环境以判断环境是否适宜其生存,进而做出相应的回应,达到与其生存环境保持动态适应、相互依存的关系。对于有机体而言,环境提供的给养可以是积极的,也可以是消极的。例如,人类使用火可以获得温暖,同时也存在被烧伤的可能性。给养不是环境所固有的,给养是在有机体与环境动态适应过程中"涌现"出来的,是引发有机体行为的前提,给养的转化因有机体而异,不同的有机体在相同的环境中获得的给养不同。例如,河流中裸露出来的光滑石块可以产生给养,对于过河的行人来说可以充当垫脚石,对于河中的乌龟

[①] GIBSON J J. The Ecological Approach to Visual Pexeption [M]. London: Psychology Press, 1986.

来说是沐浴阳光的好地方，但是对于水中的鱼儿却可能毫无意义。给养的产生受到有机体行动和意图的影响，只有感受、解读到蕴含在环境中的潜在给养，才能促进其行动。

2. 研究

生态给养理论对构建健康、有序、可持续的大学英语教学模式提供了重要的理论视角。在自然环境中，生态观强调有机体（生物）和环境之间、有机体和有机体之间的互动关系，生态学将这种互动属性，叫作"给养"。生态系统是生物与生物群体和环境之间产生交互关系的循环，环境给予、提供和配置相应的能源给生物，被生物和生物群体感知继而引发相应的行动，行动的涌现促使环境继续为生物产生能源。给养作为世界性的生态特征，在维持大自然生态系统平衡的同时也能够使生态系统失衡。那么，给养既是积极的，也可能是消极的。积极给养下平衡的生态系统，是环境与生物之间持续和谐、健康、有序感知和行动的互动过程；而消极给养则与之相反。消极给养下失衡的生态系统在自然或生物的不断干预下可以逐渐恢复到平衡的生态状态。因此，为维护生态系统的平衡和可持续发展，给养（生物与环境之间产生互动机会）的感知和行动过程应该受到密切关注，以便于预防或及时干预生态系统的不平衡。

无论是在大自然还是在以人为有机体的社会，生态理念都是相通的。教育生态学及其学习生态观是在社会建构主义学习观（强调人际交互和人与环境交互）的影响下与生态观（强调有机体之间的互动和有机体与环境的互动）相契合而产生的。生态视域下学习者、教师（有机体）及课堂内外的学习教学环境（环境）被看作生态课堂的基本要素。学习者和学习者群体即互动学习的主体；教师即创造互助和谐互动环境、密切关注学生个体和学习群体健康有序动态交互（给养的感知和行动），并为维护学习生态系统平衡而干预学生学习的监督者、指导者及师生互动中的专家；另外，教学和学习环境是为学习者或学习群体之间、学习者或学习群体与教师之间、学习者或学习群体与环境之间提供互动学习机会的环境。生态化的学习教学环境不仅涉及"人"（学生、教师等）、"物质"（教材、学习内容、教具、学习素材、教学设备等）和"精神"（学习情感态度和学习策略等）等因素，还包括为学生、教师和环境之间的产生动态关系和平衡的学习生态系统而构建的平台。随着教育信息技术的不断发展，互联网计算机和智能手机除了能够完整地为教学提供"物质"条件，还能够为"人""物质"及"人们"之间提供健康、有序的交流互动的机会，即信息技术生态给养。

语言学习生态观对二语学习环境的要求是激发学生能动性，创造最佳学习机会，加强课堂互动（积极给养），最终提升总体教学质量；语言学习生态观建议二语学习者多参与学习者之间或学习者与教师之间健康、有序、有效的互动交流（积极给养）；此外，语言学习生态观对二语教学者的要求是通过改善师生之间、生生之间、学生和环境之间的关系，建立平衡的学习生态系统，使学习者能动地投入互动学习。因此，语言学习本身是一种给养现象。对教师来说，给养是一项教学手段，为学习者提供学习资源并创造互动学习机会，使其成为具有内驱力的主动学习者，与学习环境产生生态平衡的相互作用。为此，我们应该在教学活动中使学习者之间建立积极、互惠、支持、平等、互补的协作式关系，达到最优的互动效果，从而使学习者受益于生态课堂环境（积极给养）。

（三）生态给养理论在二语习得中的应用及启示

我们可从宏观和微观两个层面对给养展开理解。

（1）宏观层面上，给养的产生是语言、语言使用者和环境三大要素相互作用的产物。（图 2-2-1）

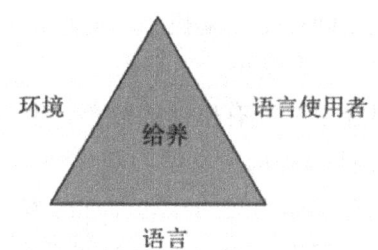

图 2-2-1　宏观视角下的给养转化关系图

（2）微观层面上，给养作为一种"意义潜势"，从感知、解读和行动三要素构成的循环中"涌现"而出。（图 2-2-2）

图 2-2-2　微观视角下的给养转化关系图

综合宏观和微观两个层面可以得出，给养理论视域下的二语习得主要探究语言使用者与学习环境各要素之间的互动及其对语言习得的影响。二语习得研究者认为，通过与环境互动转化而来的给养，将身体、认知和社会活动三者紧密地连接在一起，比可理解性语言输入更有利于语言的习得。本书将二语习得中的给养理解为学习者与学习环境互动过程中涌现出来的、对语言学习有意义的学习机会或者学习资源，蕴藏在学习环境中的给养可以驱动学生的特定学习行为，扮演着连接语言学习者与学习环境的"黏合剂"的角色，体现出二语学习过程中学习者和学习环境动态适应、相互依存的特点。教师作为学习环境的设计者应该重视学习环境的优化，为学生的潜在英语学习行为提供更多的"养料"支持，在引导学生与学习环境各因素的互动过程中，发挥主观能动性，感知和解读环境中潜在的学习机会与学习资源（给养），激发学习行为，提高语言学习效能，实现语言学习的可持续发展。

三、认知语言学的主要理论

（一）范畴理论

范畴理论是认知语言学当中的一个基础性理论，从"容器论""家族相似性论"到后来经过推理验证的"原型论"，范畴理论的发展经历了漫长的过程和反复的推演，最终形成了两大基本理论：原型范畴理论和基本范畴理论。从现在的发展来看，这两大理论对于英语的学习都有着巨大的影响。

认知语言学的范畴化认为，人类对世界上客观存在的事物进行人为的概括和归纳，这是人类对于现实世界客观存在的事物本身进行的人为干预，这也符合认知语言学对人类与客观世界"活生生"的事物本身之间的关系认识。这种认知关系的建立依赖于人类的大脑—身体—环境这三方面之间的耦合作用，强调了人类对客观事物的归类和分析。

（二）隐喻理论

20 世纪 80 年代开始，人们对认知语言学进行了深刻研究，并从认知语言学视角出发，打破了传统修辞观念中的隐喻认知，提出了基于隐喻的认知理念，并系统阐述了认知语言学的隐喻观，主要体现在以下三个方面。

其一，隐喻的普遍存在。传统修辞学中的隐喻被视作一种特殊的语言表达手法，代表语言使用的常态，如英语中 70% 的隐喻手法。语言中的隐喻使用被看作在长期的潜移默化中进入人们无意识观念中的隐喻。

其二，隐喻的系统性。隐喻不是无意识、随意地被制造出来的，而是系统地衍生出来的，看似独立的隐喻有着某种内生观念，从而形成隐喻的结构体系。

其三，隐喻的概念解读。长期以来，隐喻被视作一种语言表达方式，但是从心理学、教育学等多个角度进行全面阐释，可以发现隐喻更多是一种思维方式，是人们赖以思考和分析，并指导行动的概念系统构建的一种方式。

随着认知语言学的发展，基于认知语言学的隐喻角度分析和解读文学作品成为文学理论研究界的一种创新途径，而认知语言学的隐喻观也从不同角度诠释了文学创作在情节上的完整性、系统性，以及艺术性上的缜密性、关联性，也为现当代文学创作手法提供了更为宽松的思考和探究空间。

如今，一提到"隐喻"，大多数人首先想到的是文学家在文学创作中的修辞手法。然而在认知语言学中，"隐喻系统"有着与传统认知当中完全不同的认知观念。认知语言学的隐喻系统认为，隐喻本身不是一种文学当中的修辞手法，而是通过人类长时间的行为习惯和认知积累所形成的一种潜移默化的语言习惯。这是一种无意识的存在，与文学家所强调的隐喻是相对的，并不是一种刻意的修饰手段，也并没有意图达到的表达效果。语言学家认为，隐喻是具有普遍性的存在，同时兼具普遍性、系统性和概念性。它绝不是一种孤立的存在，是有联系性的，也不单单是一种语言问题，更是一种思维方式的体现。而从其常见类型来看，概念隐喻又包括结构隐喻、方位隐喻和本体隐喻三类。

（三）认知延展的语言介质理论

延展认知作为具身认知的一个分支，将语言作为认知延展的介质，对于语言的观点与当前的语言学思想有很大的不同。通过分析延展认知关于认知与语言关系的论述，有人认为语言可以对认知在时间的内、外及瞬时层面，在空间的概念、存储和社会层面进行持续的延展，此种认知观摆脱了语言的唯心主义和工具主义，从而使语言研究转变为内容和过程统一的温和认知语言观，以此对传统的语言观形成巨大挑战。

建立在笛卡尔"心身"二元论基础之上的转换生成语言学将语言进行形式与意义的二分，形式的转换和生成代表了认知形式的特征，由于认知和身体（或身体经验）及周围环境之间的分离，语言就成为认知的外在表现形式，从而使语言研究变成孤立的、形式的、脱离身体经验和生活实践的对象化研究。随着认知科学的发展，特别是在20世纪80年代之后，人们发现传统的认知观并不能很好地应用于科学实践，特别是人工智能研究。与此同时，哲学、认知心理学、认知神经科学也逐渐认可身体和环境在认知过程中不可取消的地位，因此认知科学内部出现了具身范式革命。延展认知作为具身认知的分支，赞同认知的身体性，但是认为具身认知观似乎不能解释身体在不与外部世界互动的时候仍然能够感知到自己身体存在的现象，仅仅将认知活动限制在身体—大脑系统中，没有看到外部支撑物可以扩大和修改我们的身体图式。认知之所以能延展到大脑或身体之外，与延展的介质有关，而语言在人类发展中具有不可替代的作用，通过分析延展认知关于语言与认知的关系，可以认识到语言可以在认知的时间和空间两个维度进行延展，并对传统的语言观形成了巨大挑战。

语言作为延展认知观中不可缺少的部分，起着衔接认知与世界的作用。延展认知的一个最大问题是，认知是如何延展到外部世界的？当然，除去人类的感知和运动系统，人类与世界进行交互的最基本方式是语言。在延展认知观中，语言不仅仅能够以语音和书写的形式呈现出来，而且还具有指称世界和生成意义的内容呈现。这是从根本上区别于笛卡尔主义的语言观，笛卡尔主义还导致了浪漫主义的观点，即身体是自然的、未被破坏的、前概念的和原始体验的最后堡垒，身体运动被视为一种行为，与语言、思想或意识几乎没有关联，也不是有意义的行为。因此，语言延展认知对于语言学的具身转向具有不可替代的作用，这表现为以下两个方面。

第一，反对语言唯心主义。延展认知将语言看作人类认知延展的重要工具和对象，来证明认知的延展性及其延展方式，这就使得人们可以形象地体验到人类的认知延展特征，同时给出了语言研究的新角度。传统语言观仅将语言看作交流和表达的工具，语言是认知的产物，这样的观点建立在康德的唯心主义基础上。康德的唯心主义认为，世界是我们通过语言创造、构建的，这就导致语言是认知或意识的外在表达，而认知是先于语言的存在，因此语言的所有表达形式都是认知外在表达形式的基础。这样的唯心主义语言观就导致了认知和语言的割裂和非一致性。用一个词来表达意思或理解事物并不是由有意识的内在状态或过程构成的；一个词的意义或理解不是由一种无意识的内在状态或过程构成的。

但是语言延展认知观，从语言对于认知延展性的角度翻转了语言与认知的关系，从而扩展了语言的功能。延展认知假设把认知过程视为跨越了大脑边界并深入身体和环境的过程，这一观点将会推导出身体和环境过程本身就是认知过程。那么，这样的观点在一些外国学者看来，存在着以下问题：(1) 只是因为一个过程与一个认知过程发生，但这并不意味着这个过程就是一个过程（这是一种耦合—构成谬误）；(2) 没有注意到什么使得一个认知过程成为认知过程（不严密的认知概念）；(3) 未能充分注意到，延展认知系统假设与延展认知假设之间的区分，前者认为人脑、身体与环境形成了一个认知系统，后者认为认知过程从人脑延展到了身体和环境中。延展认知认为身体和环境的过程并非只是因果地影响认知过程，它们实际上构成了认知过程，认知过程跨越了大脑、身体和环境。除去人的感知和行动与外部的接触之外，唯一剩下的就是语言，而且语言也是唯一同时具有内在性和外在性的人与世界交互的媒介。我们要认识到，构成认知系统的一部分与构成认知过程的一部分的区别，语言知识构成认知过程的一部分，而不是认知的一部分。因此，语言并不是认知的产物，当然也不是一种知识的对象，更多的是与认知相伴的介质。

第二，摆脱语言工具主义。延展认知对于语言的功用，采取了一种相对温和的思想，反对经验主义的语言感知观，认为我们对他人的感知只是简单的感觉，因此感觉是个人的，我们无法实现完全沟通，那么语言就成为联结自我和他人及进行私人感觉表述的工具。同时，反对理性主义的感知观，认为对于他人的感知是依赖理性的整体控制，他人的意图只是一个理念，我们的交流依赖身体的相似性及相同的生活世界，那么语言就作为理念判断的一个重要工具。然而，语言延展认知认为这两种观点都不能反映我们的体验。语言延展认知认为，语言研究应该放入语言的感知中，应该通过他人的感知经验，使"我"同他人自我发生关系，因此他人自我与"我"有着同样的生活世界，与"我"一样与同一个存在产生关系。与此同时，他人的语言也在"我"的语言感知的场域中显现，他的语言是与"我"的语言同质的和匹配的。

在延展认知中，语言不再只是认知的工具，而是构成认知的部分，不仅是认知结构上的构成，还是内容上的构成。其实这种观点在现象学中已经有所表现，除去身体和世界之外，认知还包括符号作为第三构成要素，人工物和一个活生生的、身体性的自我一起成为自我感情的一个前模态状态。因此，语言之所以能够延展我们的认知，一个很重要的原因是它是与"他人共在"的重要介质，也是理解"他心"的关键所在。可以明显看出，延展认知观受到了现象学的语言观影响。由此可知，语言并不是延展认知的工具，而且语言的首要任务也不是作为认知发展的工具或者思维的表达，而是一种生存的方式，即一种人类能够生存于世的方式。由于交互的顺畅，意义得以流溢出去，从而显现出语言的抽象性，由此呈现思维的概念性特征。因此，语言从一开始就是主体间的，我们不能脱离主体间性而谈论语言，同时语言也是具身的，不能离开身体谈论纯粹的语言。总体上说，语言不是主体间的工具，而是使得存在超出历史的和当下的意义的部分。

（四）认知心理学知识分类理论

认知心理学家把知识在人的头脑中的表征性质做了如下两种最基本的划分：

陈述性知识和程序性知识。陈述性知识是指人知道某事是什么的知识；程序性知识是指人知道如何做某事的知识。认知心理学家还将技能获得分为三个阶段：认知阶段、联系阶段和自动化阶段。在学习外语时，知道策略是什么的知识即为陈述性知识，知道如何使用策略的知识为程序性知识。进行认知策略培训意味着要使学生掌握认知策略的陈述性知识并将其转化为程序性知识。

在认知策略培训中，教师先给学生陈述某个或某些策略的知识并结合具体材料，使用所陈述的策略去解决记忆问题。此时，学生往往会使用已有的知识对新输入的陈述性知识做出理解，对教师的每一步示范有清醒的意识。然后，教师呈现相似材料，要求学生应用新学的策略解决问题，学生的操作将以陈述性知识指导一系列行动为开始，然后逐步地转变为不再具有这种陈述性特征的行动。伴随着操作的重复执行，技能便逐渐形成自动化。

（五）认知策略理论

随着认知语言学的迅速发展，越来越多的专家和学者认识到，学生的学习策略在很大程度上左右着学习的效益。20世纪70年代中期起，外语教学研究从研究教师如何教转向学生如何学。国外开始进行语言学习策略的研究。认知策略作为学习策略的一个重要部分，是直接与学习过程有关系的。近年来，认知策略已经作为学习英语的方法在大学英语教学中得到运用。

"认知策略"（cognitive strategies）这个术语最早是由美国心理学家提出的。但对其内涵、性质，他们没有进行更深入的研究。

对于认知策略，不同的研究者有不同的见解，目前在学术界大都赞同这一观点：认知策略是学习策略的一个组成部分。本书参考相关概念，给认知策略下了一个定义：认知策略是学生为了提高学习效率、完成具体学习任务而采取的各种行为和方法。

关于"认知策略培训"这一概念，研究者提出了培训的方式、模式、框架，但对于认知策略培训的定义至今尚未达成一致的意见。有的研究者认为，认知策略培训是一种基于认知的教学方法；有的研究者则认为它是一种干预性研究，目的在于通过培训影响他们的策略使用，以帮助其改善学习效果，提高语言的应用能力。本书认为，认知策略培训是对学习者进行策略培训实验，帮助学习者更有意识地学习一些技巧，以帮助其改善学习效果，提高语言的应用能力。

四、二语习得理论

以五种假设为基础的"第二语言习得理论",包括习得与学得假设(the acquisition-learning hypothesis)、自然顺序假设(the natural order hypothesis)、监控假设(the monitor hypothesis)、输入假设(the input hypothesis)和情感过滤假设(the affective filter hypothesis)。这一理论对第二语言教学产生了深远的影响,并为其提供了科学的理论依据。这一理论认为,二语习得必须具备两个必不可少的条件:一是大量的可理解性的语言输入,二是情感因素的过滤作用。在第二语言习得的过程之中,只有向语言习得者大量地输入可理解性的语言,才能使其内在的加工机制得以运行,产生自主学习的动力。同时,应考虑到语言习得者的学习动机、焦虑状态、自信心等心理因素和情感变量,它们像过滤器一样控制和影响着习得者的语言输入量和吸收量。

(一)输入假设

输入假设是第二语言习得理论的核心部分,解释了二语习得者是如何习得目标语言的。输入假设认为,语言习得者要想掌握语言,必须有足够量的可理解性的语言输入(comprehensible input),且这种输入的语言材料既不能太难,也不能太容易。

(二)情感过滤假设

在第二语言习得的过程中,情感就好似一个可调节的过滤器,对语言输入起着过滤作用。情感过滤与语言输入量成反比,情感过滤越低,语言习得者所获得的语言输入量就越大。情感过滤假设认为,影响二语习得的情感变量主要有三类:学习者的动机、自信心和焦虑状态。

由此可见,在英语口语教学中,教师只关注语言输入的量而不注意学生的情感因素是达不到良好的教学效果的。教师在课堂教学中应最大限度地降低情感过滤,帮助学生建立自信心,引导学生注重口语学习能力的培养,创造轻松、互动、多元的学习环境。

五、多元智能理论

多元智能理论认为,人类的智能是一种生理潜能,智能不是单一的而是多元的和有差异的,各种智能的地位是平等的,各种智能既是独立的又能够相互影响。多元智能理论认为,每个人都不同程度地具备多种智能,任何一种智能都是与其他智能相辅相成的，不同的人具有不同的智能组合，智力的发展水平更多的是受到个人后天所接受的文化教育活动的影响。因此，在教育过程中教师不能只重视对学生的言语—语言智力和逻辑—数理智力的培养，而应该更关注对学生多种智能的培养，这样才能使学生获得更大的发展。多元智能理论为英语教学提供了坚实的理论依据。英语教学属于语言智能教学，语言能力和其他能力是相对独立的，具有同等的重要性，这几种智能之间也是可以相互促进的。因此，在大学英语教学中，教师要注意促使学生的多种能力得到发展，同时这也能够提高学生的英语学习能力，促进学生身心的全面发展，这一举措也符合我国现阶段实施语言教育的要求。

六、ESP 相关理论

从 ESP 的概念来看，它是 english for specific purposes 的首字母缩写，翻译过来便是"专门用途的英语"。作为重要的教学理论，其要求教师在开展具体的教学工作时，需要充分地考虑到英语语言的具体运用。它也是从学生的需求角度出发，所开展的各种针对性的课程。比如，商务英语、医学英语等，都是其具体的体现。结合专业的理论知识，加强对学生英语知识运用的培养，不仅能够在一定程度上有效提升学生的英语学习能力，同时对于学生专业能力的提升也能够产生积极的作用。

当前阶段，国外的相关专家学者已经对 ESP 理论进行了研究，并且形成了一个相对较为完整的体系。我国在近年来，积极引进了 ESP 教学理论，在一定程度上有效地提升了课堂的效率。

但是，从我国当前的教育现状来看，在开展英语教学活动中，教师仍然采用的是较为传统的教学方式，即教师作为教学活动的中心，进行知识的传播，学生被动接受。

这种教学模式对于学生的自制力有着较大的考验。自制力强的学生能够在课上紧跟教师的步伐，吸收教师讲解的重点和难点；但有些自制力差的学生便会开展自己的活动。并且从我国本科院校的教育特点来看，在高中的束缚学习中，学生的创造性思维和能力不足，他们长期处于被压制的状态，当摆脱了高中的束缚之后，学生更加倾向于对一种自由的追求。在课堂上，学生玩手机、不认真听讲的现象时有发生，从而减少了和教师之间的互动和交流，导致学生专业能力长期难以得到有效提升。

ESP 教学模式主要强调的是以学习的目的作为基础开展的教学活动。具体来看，这种教学模式在应用过程中，着重强调对学生主体性地位的保护。教师需要站在学生的立场，根据学生在学习过程中所出现的各种问题，采取相关的教学举措，并借助新式教学模式的积极作用，激发学生在课堂上的活跃度。同时，还需要有效借助课上讨论、课下展示、个人作业等多种方式，让学生进行综合能力的提升。另外，教师还需要根据学生的作业情况，做好相应的教学反馈。在这种教学方式的应用中，学生也能够及时发现自己在某一阶段的学习过程中所出现的问题，从而对其进行针对性的解决，降低负面问题对其成长所产生的影响。

七、情境认知理论

情境认知理论起源于 20 世纪 80 年代，在 21 世纪得到发展和完善，是学习理论研究领域的重要学习理论。情境认知理论下，学习者的学习活动是通过学习者自己的思考，把所掌握的知识放在具体的情境去应用和实践，而不是简单地对知识的无序的累加。

情境认知理论重视情境的作用，认为知识是建立在社会情境上的一种活动，而不是教师简单地向学生灌输知识，知识是一系列人类社会活动遗留的社会财富，学习者要适应环境发展社会变化。学习者学习知识不是单纯地将知识进行累加，要有直接或间接的思考知识的练习活动，并在具体的情境去交流和运用所学的知识。也就是说，情境教学要求在情境、实践和交流的基础上去建构有意义的知识。因此，英语教师在教学中不仅要为学生创建情境，还要在情境的基础上引导和组织学生运用所学知识去交流和互动，只有学生进行思考，主动构建有意义的知识，才能真正提高学生的英语水平。

情境教学理论还认为，学习不是个体独立完成的工作，而要与群体进行互动和协作，重视群体的合作力量。情境教学理论中群体的含义是有着共同的学习背景、文化基础，相同的学习目标，分享资源、经验与理解，共同参与社会实践的一个集体。学习过程中，个体在这样一个集体中学习，不仅会构建自己的主观认知，还会构建自己在集体中的身份。因此，在教学过程中，教师可以利用好群体的力量，通过群体间的学习让学生找到自己的定位，群体间进行交流和互动更有利于提高学生的实际交流能力。

八、教育生态学

信息技术的飞速发展改变了大学英语课堂的教学模式,现代化教育理念的日益更新也不断冲击着原先平衡的课堂生态环境,大学英语教育生态正处于失衡状态。教育生态系统中包括学校教育资源的输入与输出,其中输入与学校教师、教学资源、教学环境有关,输出与学生组织行为、学生知识技能掌握有关,输入与输出的不平衡致使大学英语教育生态失衡。结合教育生态学理念和现代信息技术探讨大学英语教学,有助于大学英语教学的可持续、动态平衡性协调发展。

教育生态学着重围绕生态平衡、环境与适应、人群的分布与构成、人际关系等问题,试图建立合理的校内外生态环境,提高教学效率,促进年轻一代健康成长。简单来讲,教育生态学研究的是各种教育现象和成因,在现象与成因分析中掌握教育发展的趋势和方向。教育生态学具有微观和宏观两个层面:微观教育生态学是对学校管理、课堂环境、心理环境的研究,注重人的个体行为和环境之间的关系;宏观教育生态学是对当前社会体制和大环境下的教育的研究,以历史、未来的眼光去探讨大学的改革,注重大学现在、过去和未来之间的关系。

教育生态学的研究将会有效促进教育的可持续发展,而多元文化的输入又会引领健康教育生态。其中,输入内容与学校的教育资源有关,如学校的教师、环境、图书、教学资源、教学设施等;输出内容与学生个体有关,如学生掌握的知识技能、学生的行为表现等。

九、图式理论

(一)图式理论发展与概述

伴随着近代心理学的发展,格式塔心理学也就图式进行了结论性的研究。而在现代,图式理论的发展是基于心理学领域内融合信息科技和计算机科学的拓展,也推动着心理学当中关于人的认知研究。现代图式理论强调图式是描述具有概括性的知识,而不是定义,也可以认为事物的必要特征和非必要特征都可以用图式来描述。图式本身描述的知识的组成部分称为"变量"。

事实上,任何事物都可以用图式的不同方面来表达。跨文化交际有了一定的研究与发展,认知也有了一定的提高,但相应的理论化程度却显得匮乏,这种薄弱性也制约着跨文化交际的发展。图式理论是基于心理学的认知研究展开和确立的,关注的是如何将来自文本的新信息和已有的情境、事物、实践和现象的心理表征相匹配。所以，在大学英语词汇教学当中图式理论教学法的开展，就基于学生自身的词汇基础，是层次形式的、储存于长时记忆的相互作用的词汇知识结构及对词汇认知能力的建筑模块，也是学生在学习新词汇时会联想到的已经记忆的单词或者场景，是已知信息和事物储存于头脑当中的知识结构。图式本身就是一种抽象的、结构化的、系统化的存在于人脑中的知识表征。人在认识新事物的过程中，会基于这种知识表征及自身的经历、知识背景等方面的影响给出对新知识的解释。所以，对新事物的高效记忆与理解，首先就需要将新事物与自身的知识结构建立联系，从而加快认知进程，梳理知识框架，重新架构知识体系，形成记忆群落。大学英语词汇、语法等的记忆、理解、学习、运用、语境记录等都是可以运用图式理论去开展的，从而能够有效形成体系的知识架构，方便知识的学习、吸收的同时；更可以和固有知识框架相贴合，对知识的记忆和理解更深刻，有利于形成长期记忆，打破传统教育当中的"死记硬背"模式，杜绝机械记忆。开展符合学生认知能力的图式理论教学，是新课标下学生主体性的体现，也是图式理论三大模块（语言图式、内容图式、形式图式）的综合体现。

（二）图式理论的启示——以大学词汇教学为例

1. 教师教育思维和理念的革新

在以往的传统教学当中，针对单词的教学只是重视单词的发音、词义和应用，学生一直处于被动式的学习模式，甚至是"填鸭式"教育中，这种片面的教学方式是不符合学生自身实际情况的，其弊端更是显而易见的，无法保障学习的有效性，对学生的学习兴趣和学习内动力的提高更是天方夜谭。在多种学教法的倡导下，部分教师也积极改变了课堂教授思维，开展以学生为主体的课堂教学活动。教师教学理念的革新及教学活动的新概念设计，为学生学习质量和自身的教学质量提供了保障，并且做到了多维度、多元化的教学模式的落实，切实保障因材施教。其实，作为教师，应该永远保持自身的研究性学习，不仅对教材和学生要保持研究，更要迎合时代与实际，基于自身的教学理念和思维与时俱进，基于图式理论的大学词汇教学展开多方向的拓展，并融入英语的写作和阅读的教学中，有效开展教学的创新性拓展。

例如，学校可以组织相关的学科教师积极参加相关的研讨会，或前往某些优秀的教学模范学校考察；可以建立校级线上交流平台，提高教师的积极性，在线上平台积极分享教学感悟，互相汲取优势，取长补短；定期举办内部分享会，优秀教师可以上台发言；抑或开展图式理论教学应用的专题模块，理论与实践并举，上传优秀的讲课视频以供教师观摩学习,并且鼓励教师发表相关专题的论文和经验分享文章等。

2. 英语学科教师的教育资源整合

学生的主体性需要得到重视,教师需要立足课堂,重视师生及生生之间的互动,体现学生和授课内容之间的联动性。这种授课模式的开展也对教师的课前备课提出了更多维度的挑战。教师不再简单地进行熟悉目标单词和准备例句的这种备课,而是对教学内容进行有效的整合,合理设计教学内容,并匹配相应的教学活动;针对学生实际进行素材拓展;课后的练习、作业也需要更多样化、更加契合教学内容。依靠单个教师整理素材和课件制作会浪费其大量精力,可以组织学科教研组一起开展针对性的研讨会,高效整理、设计教学内容。通过这种组织分工的集体力量来达到教学的全面与精准。

大学英语教学的重要性不言而喻,词汇教学是学生英语能力提高的基础,更是大学学生英语学科核心素养提高的有效途径。图式理论在大学学生英语词汇教学方面的适用性很高,教师不应该局限于词汇教学,还应该积极展开教学拓展,提高学生对英语全方位的知识网络的架构与梳理。基于认知角度,在大学英语词汇的教学与学习当中融入图式理论,帮助学生基于自己的知识基础,构建适用性强的词汇知识图式网络,打破以往的机械记忆词汇的手段,从而巩固已学习的词汇知识,并且拓宽词汇量,开拓学科视野,有效地提高学生的学习兴趣和学习内动力,拓展学生的词汇量,让学生的英语成绩得到有目共睹的提高。

第三节 英语教学中的文化影响

一、正确认识中外文化差异的存在

中华文化与外国文化相比,没有孰优孰劣之分,但由于地理位置、自然环境等因素而形成的文化差异,影响了人们跨文化交际的效果。语言本身也是一种文化现象,在日常交流中,中国人的一些日常用语及行为仍然使一些英语使用者感到困惑。作者通过调查采访,发现有的外国人不习惯在日常见面打招呼时被问到"你吃了吗?""你去哪儿啊?"之类的问题,虽然这些招呼语并没有侵犯到隐私,但他们总觉得打招呼时问这样的问题有些怪异,尽管他们被告知这只是打招呼的方式,并没有其他特别的意思。还有的外国人认为去中国朋友家做客,用餐时会受到朋友家的长辈的"盛情款待",自己面前的餐具会被朋友的长辈热情地添满不同的食物或者不间断地被问到还要不要再吃一点等。面对不被外国文化理解的中华文化中的客套、谦虚现象,我们可以认识到在中华文化里,日常交际习惯中的问候、委婉、推辞等用语无一不体现着语言背后所蕴含的文化内涵。

诸如此类的文化差异现象在日常的英语交际中还有很多,大部分的英语学习者不理解这些现象。而这体现在日常交际认知上的差异,也是中外文化差异的结果。因此,在进行语言教学的同时,还需要进行文化教学,使学习者理解、掌握一定的民族心理文化、历史沿袭下来的语言文化,特别是不同的思维表达方式、生活方式等,这样才能达成跨文化交际在日常生活中顺利进行的目的。

二、英语语言的文化内涵及语言输出原则

随着中外文化融合的脚步加快,英语课程不仅要增强工具性,还要发挥人文性的作用。就人文性而言,英语课程承担着提高综合人文素养的任务,即学习者通过英语课程能够开阔视野、丰富生活经历、形成跨文化意识、增强爱国主义精神、发展创新能力、形成良好的品格和正确的人生观和价值观。

(一)英语语言的文化内涵

语言之间存在着一些与生俱来的普遍原则。一些研究表明,具备良好母语知识、母语能力的人,其二语习得的参照系统会更丰富,对语言的共性有更深刻、更敏锐的感知。这样看来,母语能力强的人习得第二语言会更为容易;同样,二语习得反过来也会对母语学习产生促进作用。所以,不论是从学习层面还是从思想文化层面来看,学习英语都会对本国文化产生积极作用。

英语作为一门语言,其工具性无可厚非,但绝不可忽视其蕴藏的人文性,但是国内仍有一些对英语的批评和指责。郭庆民教授[①]对英语的人文内涵与价值进行了剖析,并就针对英语的片面性评价做出了回应。从人文科学的综合层面来看英语语言的特征,就会发现英语语言中蕴含着丰富的精神文化。和英语文化一样,英语也有着自己独特的思想和精神内涵。而始终秉持人类命运共同体理念的中国,更应该让国人具备世界意识,在各国灿烂文化的碰撞下更全面地认识世界,并激发出对中华文化的热爱。英语语言有其独特的魅力,同时也对创新英语课程教学模式提出了相关挑战,如何培养学习者具有多元的文化视野并提高其学习英语的兴趣成为新的课题。

---

① 郭庆民. 论英语教育的人文内涵与价值 [J]. 外语学刊,2017(5):85-91.

英语学习可以促进人文素质培养，有助于推动思想创新。英语学习不仅仅存在于课堂交流中，也要落实于阅读中，良好的阅读能够让学习者在内心完成一次次中西文化的对话过程。事实上，每个读者只能读到已然存在于他内心的东西。书籍只不过是一面镜子，帮助读者发现自己的内心。阅读他国文学作品时，除了要对他国的历史、时代背景、风俗习惯及一些艺术风格有所了解，同时也要反观自照。书籍是屹立在时间的汪洋大海中的灯塔。阅读的美好大概就是虽不能让我们每个人都成为太阳，却可以让我们成为自己的灯塔，将自己的内心照亮。故而，英语语言所蕴藏的丰富文化渗透到学习者的生活中，不仅可以使英语学习者丰富知识、提高交际能力，更能够开阔其视野，让其内心更加宽容，获得真正意义上的成长。

（二）英语语言输出原则

大多数教师在课堂教学中培养学习者英语语言能力时，都强调一定的语言输入，但却不能保证有效的语言输出。从第二语言输出、有效输出的心理学模型及相关理论和实际运用来看，有效输出涉及五个语言教学应用原则（预制语块原则、语言表达框架原则、语言协商原则、扩展输出原则、任务前策划及任务重复原则），每个教学原则都有对应的具体实施及教学程序，可以为第二语言教学提供丰富、有效的经验。其中，预制语块原则和语言表达框架原则在日常英语教学中最为常见。预制语块策略是母语者频繁使用的策略之一，预制语块意识的培养不仅可以帮助学习者将话语在脑中快速形成、整块提取，促进有效交流，还能节约出更多的认知资源来处理话语中更为复杂的信息。教师或母语者提供的表达框架是保证有效输出的基础，学习者在建立语言框架的过程中会习得语言篇章结构的有效输出能力。那么，有效地培养学习者的预制语块意识，提供合适的语言表达框架自然成为英语教学的重点。

三、英语文化教学的意义

（一）提升跨文化交际能力

国际化背景下，中外文化的交流碰撞面临着前所未有的机遇，同时也面临着巨大的挑战。不同的国家和地区具有不同于其他民族的多态文化，开展文化教学有助于帮助来自不同文化圈的英语学习者提升交际能力，解决英语文化与学习者本国文化之间的冲突。

英语教学中，文化教学具有重要意义。这体现在不同的思维方式、情感价值等方面。而跨文化间的人际交往，如果只停留在语言表面，忽视蕴含在语言"内隐"的文化，那么就会产生隔阂、障碍横亘在交往者之中，影响跨文化交际的效果。

国际英语教学中，如果缺少相辅相成的文化教学，那么英语学习者不仅会在日常交流中出现困难，也会反过来影响对语言知识的学习运用效果。因此，英语文化教学是学习者在日常交际中顺利达成交际目的的客观需要，有助于英语学习者提升交际能力，减少交际障碍。

（二）培养英语兴趣与情感认同

英语学习者选择学习英语的首要动机大多是基于实用层面，如工作中对英语的需求动机、生活中对英语的需求动机等；而非实用动机，如出于对英语文化的兴趣的动机和渴望了解的动机则占比很少。一方面，不管何种动机，大部分英语学习者在学习英语的过程当中，对相关文化的了解往往停留在表面，认为语言就是交流的工具，没必要学习那么多、了解那么深刻。如今自媒体发展迅速，但部分博主仅仅把展示对文化的喜爱当做自己谋生的"财富密码"，这何谈文化认同；另一方面，在针对来自不同文化背景下的英语学习者进行访谈中发现，其他地区的地理文化、民族风情、传统建筑、历史典故等方面的文化要素确实具有很大的吸引力，学习者也希望能够深入了解和学习不同的文化知识，感悟文化。但由于语言知识的学习本身具有一定的难度，需要英语学习者花费大量的时间和精力，所以忽视了对文化知识的学习。另外，由于语言的限制，特别是对于初级的英语学习者，在学习英语的过程中，文化的内容在课程当中鲜少设置，不能从文化入手让学习者体会文化的魅力。

激发学习者的学习兴趣和动机有助于减轻异国文化冲突带来的震荡，减少日常交际障碍。学习者在语言方面的理解差异是可以用文化方面的魅力来弥补的。语音、汉字、语法等学习上"令人头疼"的规则，可以让学生通过深入体悟丰富多彩的文化，如与现代文化相结合的传统文化、迷人的民族舞蹈等，来减轻语言学习上的"痛苦"，甚至可以使文化成为英学习者克服语言学习问题的动力，增强对汉语及中华文化的认同感。文化的魅力在于语言背后蕴含的文化力量。

总之，国际英语教学中的文化教学能够教授学习者中华文化，在学习感悟的过程中，可以使学习者融入中华文化的语境当中，既满足学习目标的诉求又能够深入内心,获得心灵上的来自中华文化的精神力量的浸润。那么,只有掌握语言规则并且能够在特定的文化环境下正确地理解英语和使用英语,获得情感上的认同,才能深入领悟语言及与语言相互融合的文化魅力。因此,英语教学有助于激发学习者的学习动机和兴趣,培养对英语情感的认同。

(三)促进英语教学的可持续发展

在国际形势翻天覆地变化着的背景下,英语国际教育的学科发展也面临着前所未有的机遇,我们应迎接时代所给予的挑战,促进国际英语教学的可持续发展。近些年来,持续升温的"英语热"带来挑战,要想转变并促进学科的可持续发展,提升英语文化教学的多态性,教育者就要在当今时代背景下紧跟时代的脚步,汲取最新形式和内容,最重要的是在变幻万千的形势下抓住机遇。

英语教育的学科发展的逐步深入,以及中华文化在世界范围内获得的关注更加印证了文化教学及文化的传播的重要性。在国际舞台上,一些变化和发展都离不开英语教学中文化教学的理论研究和实践拓展。当前英语教育现状的发展及差异化、多样化的英语学习需求带来了重要发展机遇,提升教学质量、完善发展机制、促进国际英语教学的可持续发展是文化教学肩负的重任。

四、英语文化教学相关措施

语言教学的任务不单单是传授语法知识,而还应当结合具体的要求,从文化视角出发,高度精练和组织教学内容,并辅以有效输出的教学手段,使学习者趣味学习、学有所思,不断完善自己的世界意识。在英语教学中落实文化内涵与价值,要做到以下几点。

(一)教师必须具备良好的知识与修养

只有教师的知识面比教学大纲宽广得多,他才能成为教学过程中的"精工巧匠"。对于教师来说,不仅要关注所教科目的专业知识,还要拓宽知识广度,掌握新信息,创造性地开发课程,让英语在学习者的学习和生活中大放异彩。教育的本质就是一棵树摇动另一棵树,一朵云推动另一朵云,一颗心灵召唤另一颗心灵。教师的人文知识修养不仅包括渊博的人文知识,还包括高尚的道德情操和对人生价值的不懈追求,只有教师把教书育人作为探寻生命存在的意义和价值的平台,才能在教育学习者时游刃有余,激发学习者对英语学习的兴趣,使其真正达到全面发展。

（二）培养学习者的预制语块意识

首先，教师要在教学中利用定式，在进行语言示范时不断有意识地使用学习者刚学过或已学过的定式，帮助学习者建立预制语块意识。其次，教师要鼓励学习者在后续的学习中不断利用定式，并给予其一定的奖励，口头奖励或分值制均可；对于不太熟悉定式的学习者，教师可以予以口头提示或板书提醒，防止学习者产生挫败感。需要注意的是，定式需要符合学习者的认知规律，定式中的替换词必须是当天要学习的新词汇。这种情况在课堂教学中是经常发生的，绝大多数新知识要由旧知识引入，在学习者对旧知进行回顾的同时，教师自然而然地引入新知，不仅能让学习者更容易对新知产生兴趣、接受新知，更能在新知和旧知间搭起紧密联系的桥梁，有助于学习者在脑海中构建知识框架，形成完整的思维体系。

语块教学法也阐明了语块和搭配的重要性，语块教学法的观点是成功的语言比精确的语言有着更广泛的意义，习得不是基于形式规则的应用，而是基于范例的积累，学习者可以从中进行一般性概括，即教师在课堂教学时演示如何使用词汇或短语，示范是辅助学习者进入新知的重要方式。

（三）促使学习者在输出语言时建立表达框架

教师或母语者提供的语言表达框架是保证有效输出的基础，毫无章法地学习语言是不可取的，还会对学习者输出语言造成负面影响。而日常的英语课堂教学多以提问形式展开，教师可以利用交际主题及事先确定的语言定式或预制语块，先帮助学习者建立框架（篇章框架、段落框架和基本句子框架），再通过不断训练，帮助其发展语言框架意识及利用语言框架表达的能力。尤其是对于一些学习者不熟悉的句式或篇章结构，仅凭教师在课堂上的分析和讲解是远远不够的，教师还应该留出一部分时间给学习者，使其能在课堂上实际加以运用，让学习者通过口头表达或文字书写建立语言框架意识，这对于英语教学来说十分重要。

（四）选择恰当的教学材料

教学材料应该始终宣扬和传授积极的、促人奋发向上的精神，将人类优秀的文化、高尚的思想道德和情操，通过语言学习潜移默化地传授给学习者，促进学习者心智的健康发展。教材的选择应力求符合学习者的认知规律，题材范围广一些，可以是指示牌、广告标语等贴合学习者日常生活的语言内容，方便联系自身实际。当然，目前的英语教材中，已具备了一些中外文化对比的内容。但是在教学时，教师需要保证学习者拥有一定的自主性，让学习者可随心所欲地表达自己的观点，使他们和课堂教学中遇到的不同文化有更直接的碰撞，这样不仅能提高学习者对英语文化差异的认知能力，还能增强学习者的人文素养，培养其跨文化交际意识。

五、英语教学坚持正确文化立场

经济全球化发展，促使英语成为世界通用语言，对其他国家民族文化发展带来一定遏制和影响。英语成为国际间交流的重要语言之一，近几年，我国大学也加大了对英语教育的重视，但却过多注重英美文化传播，弱化了中华文化的渗透。如同人类社会发展规律一般，不同国家、民族、地区的文化，只有通过不断的交流、融合才可以获得发展、创新。目前，英语全球化背景使得英语文化得到了广泛传播，这一发展趋势对其他国家语言文化发展带来了不良影响，出现了文化趋同现象。

随着现代社会发展，保护文化生态已经成为英语教育中的一项重要任务。而大学作为语言文化的重要输出地之一，有必要借助英语学科这一载体，向世界传递中华传统文化，帮助学生明确语言文化生态，并树立正确的思想观念，使学生在学习外国文化的同时，也学会传播、弘扬中华优秀文化，让世界了解中国。作为高等院校，需要充分利用英语教学这一途径，将中华优秀传统文化渗透给学生，提升学生的国际化意识，树立学生的跨文化思维，促使中华优秀的传统文化更好地呈现给世界。

（一）树立正确文化立场的必要性

现阶段，有很多民族的语言已经受到了英语的影响而被同化，如果继续发展下去，将会有更多的语言逐步消亡，人们已经意识到这一发展趋势的严重性。早在 20 世纪 90 年代，一些国际组织逐步成立，主要工作职责就是保护、保存部分濒临灭亡的民族语言。生态化成为人类生存的至高愿景，而文化生态化自然也应当成为世界多元文化共同发展的主要趋势。语言文化所代表的正是时代演变下人类文明的重要标志，所以应当树立正确的文化立场，以平等、宽容的态度学习英语，充分发挥这一沟通工具，促使世界文化的良性发展，避免出现语言和文化的垄断。

当前我国英语学习人数是日益递增的，这足以看出中国人对英语的热衷。从当前英语教材看，其中涉及文化的部分，更多侧重的是对英语国家文化习俗内容的介绍。这虽然可以在很大程度上向学生输入更多的英语内容，实现跨文化交际，但对于中国本土文化发展而言，仅仅依靠输入外国语言文化是远远不够的，还需要进行双向性交流，因为本土文化的传播与发展同样重要。从中国大学生英语学习情况看，大部分学生能够使用英语简单地介绍一些西方传统节日，如 Christmas（圣诞节）、Halloween（万圣节）、Aprilfool's Day、（愚人节）、Valentine's Day（情人节）等，可以借助英语了解英国女王、美国总统等人物；但只有非常少的学生，能够使用英语介绍中国的传统节日，比如春节、端午节等，有非常多的学生，甚至都不知道如何使用英语介绍中国的文房四宝（the four treasures of the study）、京剧、武术、四大发明等内容。事实上，这些具有非常浓厚特色的中华传统文化，对传播中国的文化具有重要作用。对于大学生而言，具备双向交流能力会在很大程度上提升其自信、学习积极性；反之，则会直接影响到学生的英语学习效果。作为当代学生，需要积极加入国际交往、传播中华文化的行列，将更多的中华文化展示给世界各国，进而提升民族自信，提升国际地位。而英语是介绍、宣传中华文化的重要语言方式，教师需要帮助学生学会对比汉语与英语两种不同语言文化，帮助学生更深刻、准确地理解英语，并使用合理的英语介绍不同国家的文化，发挥出英语的交际作用；与此同时，也需要积极渗透中国语言文化，提升学生对本土文化的正确认识，提升民族自信。

（二）英语教学渗透语言文化平等意识的构思

多元文化发展下，多数大学英语教师逐步提升了对语言、文化紧密关系的重视，但在实际开展教学的过程中，并没有将中华文化贯穿英语教育的全过程，本土文化传播意识还有待增强。作为大学英语教师，应当在实际教学中积极渗透中华文化元素，促使学生了解到更多的知识，帮助学生建立民族自信、形成平等的文化交流态度，促使学生可以进行跨文化交流。与此同时，教师还要积极引导学生正确认识文化的世界性，明确文化本身是不存在优劣之分的，任何一种文化都是社会历史发展演变的产物，在对应的时代，有着自己的作用。从中西方文化发展看，其多是建立在本民族的土壤基础上的，所以不仅有优点，还确实存在不足之处，因此中国在与西方文化相互碰撞交流的过程中，应当树立平等意识，享有平等的权利。

全球化发展背景下，大学英语教师需要通过有效的教学，使学生懂得生存、学会合作、学会关心他人，清楚认识到英语是一门语言，是为不同文化之间的交流提供服务的。这就需要我国大学英语教师，做好双向语言文化教学输出，比如，引导学生多看一些中华文化的英语电视节目、阅读英语杂志、报纸等，促使学生掌握更加地道的英语表达方式，提升学生英语综合技能。大学英语教师在实际开展相关教学活动过程中，需要为学生提供更多的文化财富，培养学生坚毅、拼搏、创造等优秀品质。

（三）丰富英语教学内容以弘扬中华文化

我国"一带一路"倡议的顺利推进和开展，表明了中国在政治、经济、文化等领域发展势头强劲，特别是在经济上的发展。近些年来，文化领域在"一带一路"背景下也有了长足的发展，我国也应站在世界发展的前沿，结合英语文化教学，不断丰富英语教学内容，把中华民族五千年的智慧结晶融入当代中国的发展，不断弘扬中华文化。

英语文化教学的内容，应该不断地适应现代文化发展变化的新情况，而不仅仅是一提到中华文化就想到中国的传统节日、久远的中国古代文化习俗等。相关教育者需要动态地界定中华文化教学内容，开展与时俱进的文化教学，这样可以满足不同阶段、不同层次的文化教学目的的需要。文化教学的开展能够丰富英语教学内容，促进英语教学发展。英语教学中文化教学内容不是静态发展、一成不变的，它是一个动态发展变化的过程，需要不断地与时俱进才能满足日益变化的文化需求。近些年随着社会经济的发展和科学的进步，人们的思想也变得开放，能够接纳新思想。这些变化也悄然融入文化传播，我国不再被动接受来自别国的文化输入。近几年中国古装剧盛行，特别是在亚洲国家的传播发展，不仅在无形的思想上有助于中华文化的传播，而且在中国传统的服饰、风俗人情方面的发展传播也能够丰富英语文化教学的内容，给文化教学提供了新思路，打破了原有学习者对中华文化的偏见，能吸引更多对中华文化感兴趣的异国文化者。

综上所述，我国英语文化教学在当今社会不断发展的动态变化过程中，要传承中华文化的精华，吸纳新时代的文化内容，促进英语教学发展，弘扬中华文化。

第三章 大学英语教育的改革优化路径

本章对于大学英语教育的改革优化路径进行了分析，主要从大学英语教学方式的改革、大学英语教师角色的变化、大学英语教学实践的优化这几方面中展开了具体的论述。

第一节 大学英语教学方式的改革

一、大学英语有效教学改革的目标转向

一直以来，大学英语教学存在"教师中心论"和"学生中心论"之争，前者强调教师在教学中的主导性，后者强调学生在教学中的参与性。其过程分为三个阶段，其一是行为主义，主张研究行为，而不是研究意识；主张采用客观的实验方法，而不使用内省法。行为主义强调以教师为中心，其心理学基础是"刺激"，该研究的主要缺陷是对学习者的主体创造性重视不足。其二是认知主义，强调学习者必须经历储存及组织资料的认知过程，才能形成有效的知识结构。所以，学习是一个感知的过程，学习是"顿悟"的结果，单纯依靠尝试及纠正错误无法实现有效的语言习得。认知主义以认知心理学和转换生成语法为基础，尽管强调学习者是学习的主体，但并未充分认识到学习主体的创造性。其三是建构主义，主张学习者在一定的情境下，利用必要的学习资源，同时在教师和学习伙伴的帮助之下，通过意义建构的方式获取知识，而教师的知识传授只起到辅助的作用。该理论以瑞士著名心理学家皮亚杰的认知心理学理论为基础，明确了学习者是意义的主动建构者的地位，强调"情境""协作""会话"和"意义建构"是学习环境中的四大要素。

在"教师中心论"和"学生中心论"不绝于耳的争论中，大学英语教学改革已经走过了三十多年，其过程可谓一波三折，但其改革成果相当引人注目，诸多

学者也对改革成果给予了充分的肯定。当然，我们应该清醒地意识到，大学英语课程在服务我国社会经济发展的人才培养方面，尚存诸多不尽如人意之处，"成绩不小，问题不少，有进展，待突破"。

首先，大学英语教学应该帮助学生了解西方文明、思维方式、生活习惯，以批判性眼光看待西方文化及其核心价值，了解中西方文化差异，培养跨文化交际能力。在这一点上，我们仍然做得很不够。

其次，我国大学英语教学"费时低效"似乎已成痼疾，英语教育与英语教学相脱节，英语教师的教学方法与教学理念相排斥。许多大学英语教师仍然固守传统教学模式与教学手段，在教学理念、理论研究方面没有做到与时俱进，导致应试倾向明显、教材内容缺乏创新等。

最后，我国大学英语面临着学分大规模压缩的危机，处于国家"双一流"建设挑战的关键时期。如何化解这一危机，迎接这一挑战，笔者认为大学英语教学要培养学生置疑的思辨能力和严谨的科学能力。这是否可以成为解决当前大学英语教学存在"低效"问题的"灵丹妙药"，仍然需要时间给出答案。

如何实现知识、能力、学科素养三者的完美结合？如何有效培养学生阅读、思考、表达这三大核心学习力？如何强化语言技能训练的产出性、英语知识传授的专业性和跨文化能力的人文性三重特征？笔者认为，没有任何一个时期的大学英语教学比今天面临着更大的挑战，但也没有任何一个时期的大学英语比今天迎来更好的机遇。如何迎接挑战，如何抓住机遇，就需要在教学理念上实现四个"转向"：现代教育观向后现代教育观的转向；现代知识观向后现代知识观的转向；基础范式教学观向内容范式教学观的转向；英语综合技能向核心学习力培养目标的转向。

（一）教育观方面的改变

1. 现代教育观

现代教育观认为，教师闻道在先，术业有专攻，拥有知识和身份的双重权威。教师也曾被推到"人类灵魂的工程师"的高度，教师因其"传道、授业、解惑"这一神圣职责而备受尊崇。一直以来，"听教师的话"成为很多家长教育孩子的口头禅。

与此相对应的传统意义上的教学活动往往是单向的、独白式的，是教师到学生的简单线性序列。大学英语教学亦是如此，尽管"一言堂"和"满堂灌"的教学方式饱受诟病，但是由于大学英语的教学班级人数一般都在50人以上，以学生为中心的交际教学法很难付诸实践。于是，小组讨论、头脑风暴等"假互动"的教学方式大行其道，因为"话语权"始终掌握在教师手上，最后学生听到的，仍然是教师的"总结陈词"，看似热闹的"生生互动""师生互动"的大学英语课堂，实际效果还不如"满堂灌"。要改变这一现状，首先要改变的是教师的教育观念。

2. 后现代主义的教育观

后现代主义的教育观是建立在对人全面教育批判基础之上的，它认为"完人"教育忽视了人的特长发展，忽视了人在现实社会中所涉猎的领域是具有局限性的。任何人都不具备全面发展，任何人也没有精力进行全面发展。后现代主义教育观认为，学校的教学目的不应被条条框框封锁，应把知识输出给学生，成为学生的一门兴趣，使学生在快乐中掌握本领。

3. 两者的转向

随着具备开放、共享、交互、协作四大特征的信息化时代的到来，教育的价值取向和发展路径发生了根本性的转变，知识信息化、信息技术化、技术工具化、工具智能化已然是不可逆转的发展方向，由此知识化生存转向信息化生存和智慧化生存，同时带来以下四个方面的变化。

第一，知识权威性的弱化。大学英语教师基于自身体验和广博阅读而获取的英语语言与文化知识，在信息化时代已经无法筑起权威的堡垒。挑战与质疑知识权威，在当今大学校园已然司空见惯，学生更习惯于借助网络搜索引擎了解知识、求证真伪，而不是向教师求教。世界是多元的，时代呼唤批判性思维和多面思维，"质疑教师的观点"曾经被视为离经叛道之举，而今却屡受追捧。具备分析与比较、抽象与概括、批判与创新能力，是这个时代对学生思维品质这一核心素养的基本要求。

第二，经验间接性的强化。大学英语教师通常承担着大量的"重复课"，也就是教授不同班级相同的大学英语课程，对教材烂熟于心，教学经验也极其丰富，在20世纪末及21世纪初，经验越丰富的大学英语教师越受追捧。但是，随着信息时代的来临，以往需要依靠时间积累的经验可以通过网络间接获取，经验可以分享和共享，别人的经验可以间接成为自己的经验，以往需要依靠身体力行亲身体验的实践过程借助虚拟现实技术可以足不出户轻松完成。

第三，学生自主性的提升。不管是在及时且丰富的英语语言环境下的"静态"网络自主学习，还是在实时或非实时的开放式交流环境下的"动态"网络自主学习，也不管是借助PC端的网络平台还是使用移动端的App开展自主学习活动，当今时代的学生都能应用自如。

第四，学习生态圈的重构。由于信息化时代的冲击与挑战，现代教育观向后现代教育观的转向悄然到来，这也促进了大学英语学习生态圈的重构，网络社会互助共享式学习已是大势所趋。

基于后现代教育观，大学英语教师的绝对权威不复存在，教师权威从外在于学生情境转向与学生共存。我们可以借用音乐学上的"复调"概念来论述后现代教育观视域下的大学英语教学理念，非常具有借鉴意义：教师、学生、同辈群体以不同层次的声音出现，这样的课堂里，就有了不同的声音用不同的调子唱同一主题的复调效果。大学英语课堂教学模式改革，改变的不是简单的教学方式，最需要改变的是教师的心态。教育工作是一种基于个体经验的积累和教育智慧领悟的艺术。教与学的关系从某种意义上讲是具有职业素养和专业能力的成年人对未成年人成长的直接影响。大学英语教师在这场改革的浪潮中，需要摆正心态，努力提升自身素质，成为学生心目中的最佳"学习伙伴"。

（二）知识观的转向

1. 知识观

知识观是基于哲学的层面对知识的整体认知。知识观的内部结构涉及对知识本质、知识价值、知识类型等各个层面的认知，知识观的外部结构涉及学校课程的设置、教学活动的设计，教师的"教"、学生的"学"无不围绕知识进行，知识是构成教育各要素的基本材料。当前社会处于从现代主义知识观向后现代主义知识观演变的动态过程中，即知识观转型。

2. 现代主义知识观

现代主义围绕"客观性""普遍性"和"中立性"解释知识网，表现出唯科学取向特征，其认可真正的知识只能是实证的科学的知识——通过了严格的逻辑证明、观察和实验证实，并默认这些呈现在我们面前的知识与认识对象的本质完全契合，是认识主体对认识对象的本质属性进行"反映"的结果。

3. 后现代主义知识观

后现代主义知识观呈现偏"主观"的特点，强调认知主体在面对认知对象的过程中，利用本身原有的认知结构与之进行相互作用从而产生新的知识，这是知识的建构过程，并表示知识的意义因认知主体的经验、情感和态度的不同而不同，随环境、时间、地点等外在因素的改变而改变。

4. 知识观转向对英语教学的影响

现代知识观认为，知识具有客观性，知识是对客观事物本质的揭示；知识具有普遍性，有些知识放之四海而皆准。基于现代知识观，大学英语的课程目标长期以来都以服务于学生的英语语言与文化知识线性积累为旨归。

后现代知识观则认为，由认识主体建构的知识具有文化性。换言之，知识并非超文化的，知识具有境域性，具有文化限域。后现代知识观提出，人与世界的沟通是获取知识的重要渠道，机械教育无法实现这一目标。任何门类的知识都是整体知识体系中不可分割的组成部分，都不是独立存在的个体，所以认知过程中我们需要强调各专业学科知识的关联性，触类旁通。基于此，在大学英语教育界，整体教育理论开始引发人们的关注，整体教育论核心观点聚焦于两个方面，一是知识的整体性和关联性，二是肯定认知主体的成长性和可教育性。整体教育观指导下的教育强调不同水平层次学习者自主学习、自我反思和创新能力的培养，提倡结合专业学科进行综合性、整体性学习，这也是当今各大高大学英语的分级分层次教学的理论依据。

后现代知识观的重要理论基础是建构主义，在建构主义看来，知识的建构与知识的结构截然不同。结构主义具有浓厚的客观主义色彩，强调对结构的感知和描绘，建构主义则完全背离了客观主义，认为知识是一个发展的动态过程，知识不存在绝对的终极真理，知识总是存在于主体，生存是掌握知识的目的。基于后现代知识观，大学英语课程目标不仅仅是知识的积累，课程目标应由知识的积累转向获取知识和生成知识的能力，即知识的思维与方法，这一观点与"监察模式"基本契合。从大学英语教学层面来看，后现代知识观从某种意义上讲就是建构主义知识观，大学英语教学的内容与方法必须能充分彰显教师的个性魅力，教学内容和教学方法都是每位教师个人的组成部分。作者认为，教师需要在教学实践中逐渐形成自己的教育理念、价值观与世界观。但是目前几乎所有的大学都统一订购大学英语教材，教材内容不可能体现教师本人的观点，教学方法也是采用基本统一的教学法，教学课件也为教师准备好了，简单易行，不需要劳心费神。建构主义知识观颠覆了人们对知识的理解，这对大学英语教师是个不小的挑战。同时，依据建构主义知识观，大学英语教师还要注意学生如何建构对教师教学理念的理解，如何形成自我知识。依据建构主义的知识观，语言学习者需要利用必要的学习资源主动建构知识。

自主学习能力培养是大学英语教学的一大难题。那么，如何主动建构知识？如何提升学习的自主性？

其一，词典在满足词汇学习的精确性要求、提升词汇学习质量、增强学习者的词汇记忆等方面有着不可替代的作用。词典是培养学生自主学习能力的保证。词典之于学习，其重要性不言而喻。

其二，"互联网+"教育已然是大势所趋，作为互联网的"原住民"，现代大学生对于"互联网+"的学习方式有一种天然的亲切感，极易上手。移动终端外语类学习App的普及使得随时随地皆可进行自主学习活动的泛在学习成为可能。

其三，我国高等教育在信息技术与教育教学深度融合方面开始领跑全世界，这是我国高等教育"变轨超车"的最好机遇。基于移动通信设备、网络学习环境与课堂讨论相结合的教学情境，混合式学习将在线同步学习、自主学习与面对面课堂协作学习、反馈评价有机整合，实现教师主导作用与学生主体地位的有机结合。学习是创造知识的过程，在大学英语学习过程中，学生自身的认知参与和主动建构尤其重要，毕竟语言要素和阅读技能属于接受性语言认知学习，大学英语教师需要通过多种渠道激发学生学习的自主性，激励学生利用词典主动建构语言知识，独立自主地完成语言要素的习得和阅读技能的掌握，这是大学英语教学所要实现的最重要目标。

（三）教学观的变化

1. 以学为中心到以用为中心

教师的教学素养和观念决定着教师教学目标的达成度，观念是培养人才目标要求的指南，高等院校要实现向培养应用型英语人才目标的转型。

首先，教师要真正理解应用型英语人才的概念和内涵，精准解读培养目标。英语教学目标与教学内容选择的价值取向，要科学体现以用为中心的根本目标的价值所在。英语教师要树立应用型英语人才的教育哲学观，正确把握"知与用"的辩证关系，理解并内化以用为中心的核心要素与内涵。英语教师在形成自己的教学文化与教学性格时，要紧紧围绕"以用定学""以用定教"的原则展开。另外，英语教师在选择与编制学习内容、设计教学过程时，必须遵守"以用定学"与"以用定教"课程原则，努力做到使英语教学内容、实施过程的应然性和"以用定学"与"以用定教"的实然性无限趋近。

其次，教师在英语教学中要依据"以用定学"与"以用定教"课程原则，选择恰当的英语教学方法，渗透学以致用应用型英语人才培养目标。针对应用型英语人才培养目标对教学结构的要求，认真研读以用为中心的教学设计方案，融入以用为中心的应用型英语人才培养目标的教学活动，才能真正落实应用型英语人才培养目标所需的供给需求。

最后，教师要认真研究教学要素及各要素之间的关系，明晰教学要素及各要素之间的图式，知道培养应用型英语人才的瓶颈所在，且能做出成因的诊断分析，而后对教学结构进行改革，厘清以用为中心的应用型英语人才培养目标与应用型人才本质之间的关系，开展改革导向下的教学，进而彰显应用型英语人才教学的独特育人价值。

2. 重视研究教学到重视研究学生

依据对高等教育的分析，结合应用型英语人才培养目标的要求，遵循"以用定学"与"以用定教教学"原则，教师的课前准备的重心必须发生转变。传统的英语课前备课中，英语教师主要关注的是教材和教学方法，忽视对学生的学习兴趣、特长和已有的认知水平的研究，英语教师备课的首要任务是备教材、备教法。应用型英语人才培养目标的课堂教学，是"以用定学"与"以用定教"的课堂教学，它源于研究和对学生的把控，是教学生用理论知识解决实际问题，而不是教教材内容，更不能用所谓的规范、统一来限制英语教师的教学创新思维。对教师而言，至关重要的是学会尊重和宽容学生。这取决于英语教师独特的教学智慧，而研究学生便是英语教师教学智慧产生的源泉。英语教师开展教学活动的前提，就是从教学的改革入手进行学情分析。

英语教师要充分了解每个学生的潜能与素质、个性与兴趣、知识与能力等不同特点。学生潜在状态的分析，主要指学生可能发生的状况与可能的发展趋势，英语教师要在对学生已有的知识基础、认知结构、学生的情感和发展需要充分了解的基础上，估计预测到学生在知识与技能、过程与方法、情感态度与价值观方面都能参与到什么程度，达到什么状态；分析和研究学生的学习习惯如何，适宜采用何种学习方法完成学习任务；学生在课堂教学动态中，可能会生成哪些学习资源和教学目标。英语教师要为每个学生的发展准备不同的内容，努力做到因材施教，实现能真正达到应用型英语人才培养目标的课堂教学。

教师要分析学生学习起点状态和潜在状态。起点状态的分析可以从3个维度展开：知识维度、技能维度和素质维度。分别是指学生的认知基础、将知识转化为能力的状态和水平、学习习惯和对知识学习表现出来的态度和状态倾向。

另外，英语人才目标培养也不是单一化的，教师要根据自己所任学科与专业特点，结合社会和实践需要，设计出一个具体、明确的学生培养目标定位，便于引领和调控自己的教学活动朝着培养英语人才的目标开展。

3. 基础范式到内容范式

教学观可以分为三个层面：一是最低层面教学观，以传递信息、传授知识为教学重点，注重教学内容的整合和归纳，这一层面的教学观是从教师的视角来理解教学；二是较高层面的教学观，认为教学探究概念及概念间的关系，以实例阐述理论与实践的关系，教学重点是对教学内容的深化理解，这一层面的教学观是从学生的视角来理解教学；三是全面的教学观，以改变学生对概念的认知为教学重点，培养学生独立思考能力和批判性思维能力，这一层面的教学观是从不同的视角探索理解的方式。

目前一直饱受诟病的"费时低效"的大学英语教学，实际与上文所说的"最低层面教学观"在我国大学英语教育占主流有很大关系，大学英语通行三种教学流派，即语法翻译法、结构教学法和交际教学法，其课程设计及教学呈现均是围绕如何"传授知识"给学生。这种从教师到学生的基础教学范式的"副作用"逐渐凸显：即边际递减效应（消费一种物品的数量越多，心理上得到的满足和生理上对重复刺激的反应会相应递减），大学英语教学通常每个级别（一般安排一个学期）完成 8 个单元的课程教学，每个单元的教学模式大同小异，包括文化背景导入、词汇短语详解、篇章结构分析、长难句剖析、课文阅读理解、句型操练等，学生在大学英语第一堂课往往充满期待和新鲜感，之后就开始逐渐感觉兴趣索然。如何应对这种边际递减效应？从基础范式到内容范式教学观的转向是一个值得尝试的选择。

英语语言学习需要经过三个环节：认知、建立系统、探索，这三个环节决定了学生的学习过程是一个知识建构过程，因为教师所教的东西未必是学生所学到的东西。那么教师该如何教才能避免"费时低效"？我们提倡以学科内容为依托的语言教学（content-based instruction，CBI）。CBI 也称"学科知识教学法""内容型教学法"，其教学理念产生于 20 世纪 60 年代。CBI 作为一种全新的教学理念，主张内容与语言的高度融合，其遵循的基本原则有：一是以学科知识为核心；二是使用真实的语言材料；三是要适应特殊群体的需求。通过内容学习语言，目的在于通过增加可理解性学习内容的输入量来降低学习者的学习焦虑，从而调动学生学习的主动性和积极性。课堂内容越贴近专业内容，学生越感兴趣，就越觉得有用。换言之，学习者应该将英语学习同内容学习结合起来，将语言作为了解信息的途径而不是为了学习语言本身。

关于教学模式，学界认为 CBI 最常见的模式有四种：主题依托模式、保护模式、辅助模式和专门用途模式。上述四种模式均强调培养学生的批判性思维，有利于促进教师探索性教学,值得大学英语教师借鉴,这也是我们强调内容范式教学观的学理支持。对于大学英语教师而言,抛弃基础范式教学观是解决大学英语教学"费时低效"问题的先决条件,基础范式到内容范式教学观的转向是一个颇具挑战性和颠覆性的选择,这一转向将呈现如下特征。

其一,抛弃了纯技能的语言训练方法。实现从"语言"教学到"意义"教学的转变,从形式教学转向功能教学,从技能教学转向内容教学,从单一学科支持转向多学科支持。

其二,抛弃了传统的语言唯一标准。在 CBI 教学理念的影响下,传统单一的学习内容、以"内容为辅、语言为主"的教材编排形式都将被颠覆,实现知识体系和语言技能并行,学科知识与语言教学融合。

其三,确立了多元的教学内容与形式。培养学生的自主学习能力、沟通协作能力、国际学术交流能力、文献搜索与阅读能力、写作与演讲表达能力等将成为大学英语教学的终极目标。

其四,厘清了陈述性知识与程序性知识的关系。在大学英语教学中,我们不仅仅是在课堂上让学生学得语言,掌握陈述性知识,更需要为学生创设语言学习环境,提供语言操练与反馈的机会,真正实现习得语言。

我们提倡内容范式教学观,主张以学科内容为依托的语言教学,还有一个依据是其助长性迁移,即马太效应。读得越多,听得越多,理解能力就越好;理解能力越好,就越喜欢多读、多听,由此形成良性循环。

基于内容的大学英语体验式教学模式是高质量大学英语课程体系中不可或缺的要素。如果学生能将新学习到的知识运用到一个变式环境中,即与日常生活相关的环境,那么学习就得到迁移,是一种意义学习。基于学生学习需求分析涵盖学科内容的丰富知识,通过大学英语教师模拟真实交际场景的课堂教学设计,大学英语课程才会具有真正意义上的社会价值和生活价值,大学英语学习者才会真正做到学以致用、学有所用。

4. 重视课内教学到重视课外教学

英语人才培养目标的教学运行体系必须突出以用为中心的培养着眼点,不再是传统的课堂教学观引领下的教师中心、教材中心、课堂中心,也不再是各学科的任务层层分解,而是要体现在整体的、学生应具备的、适应终身发展和社会发展需要的必备品格和关键方面。因此,英语教师的教学时空必须实现由重视课内教学向重视课外教学的转变。学校要广泛利用校内外场馆资源、学校图书馆、实验室、课程基地等,以及校外科技馆、博物馆、中小学校等,引导学生有效利用互联网，丰富自己的学习经验，把教学内容从书本引向五彩缤纷的生活世界，使主观见之于客观，从而培养学生对英语的兴趣，为将来参与英语实践奠定基础。

这就要求英语教师在课堂教学过程中，积极关注、利用学生已有的生活经验、情感感受、创新性见解、问题及困惑，并把它们转换为教学过程的生成性知识点。教师对英语教学内容的选择要注重开发利用多种资源，安排学生从事实践活动，引导学生积极完成书本知识向实践的转化。实践教学环节应该构建与理论教学相对独立的体系，学生的培养过程是理论与实践相融合、相渗透的过程。英语教师带给学生的应是鲜活的人生观、价值观、世界观，是对学科知识科学探究的问题解决等。

（四）培养目标的转变

大学英语的任何一门课程都必须以学生需求为导向，只有针对并最大程度地满足学生的需求，课程才能有效。学生的需求是多元的，学习英语的目的也不尽相同，希望达成的目标也全然不同，于是我们就把大学英语课程目标锁定在培养学生的英语综合技能上，希望通过面面俱到的语言技能训练满足学生的不同需求。而结果呢？大学英语经过多轮改革，教学的软硬条件都提升了不少，但是学生的语言能力并未获得明显提升。究其原因，我们还是没有能够很好地理解先哲说过的一句话："授人以鱼，不如授人以渔。"授人以鱼只救一时之急，授人以渔则可解一生之需。毕竟提高语言技能只是英语教学的结果之一，认知发展和对现实世界深刻的理解才是最终目标。

大学的使命在于培养学生独立思考的能力（批判性思维能力）和自由创新能力。当今大学教育过分强调与市场经济接轨，过分注重工具理性，价值理性被严重低估与忽视，在经世致用思维和实用主义思潮的冲击下，人被"物化"似乎已是不争的事实。

大学英语四级考试对于词汇的要求是掌握 4 500 词左右，阅读速度要求是每分钟 100 词。但是根据国内外专家的研究，中国大学生需要有 8 000~10 000 词的词汇量才能达到顺利阅读英文报刊的要求，阅读速度至少必须达到每分钟 230~250 词。在英语学习过程中，衡量学习者词汇掌握程度，"重复率"和"接触量"是两个经常被提及的指标。简言之，语言学习成功的关键是通过海量阅读实现与语言的"亲密接触"。阅读是我们获取知识的一个重要来源，通过大量阅读不仅可以扩大词汇量，而且能够形成语篇意识，开阔视野，丰富语感，从而提升综合英语语言应用能力。

"人际交流基本技能"（basic Interpersonal communicative skills, BICS）与"认知学术语言能力"（cognitive academic language proficiency, CALP）可以构成一个英语学习者的语言水平。而 BICS 和 CALP 都需要通过阅读来获取，毕竟阅读的主要目的不仅仅是记住单词和词组，而是了解作者如何用英语语言表达思想。因此，让学生的注意力从英语词汇本身转移到语境和作者的思维上，对于提升学生对英语语言的敏感度和理解力有很大的帮助。

大学英语教学从培养学生英语综合技能到培养学生核心学习力的转向，重视全人教育，旨在解决英语教学工具性与人文性失衡的问题，实现教育目标对教学目标的替代。随着我国"一带一路"倡议持续深入，国际交往日趋频繁，国际影响不断增强，参与全球治理能力不断提高，培养学生的英语阅读、思考、表达这三大核心学习力已然是大势所趋。

总的来说，世界上高等教育发展的最新理念是"学生中心"，我们国家教育部也提出"学生中心、产出导向、持续改进"的基本理念。语言学习是一种发展认知能力、注重情感体验的社会化活动，我们心之所向的大学英语课堂应该就是充满民主与平等对话的互动式课堂。让学生从传统的"语言学习的接受者"转变成"语言的使用者"，几乎成为大学英语界的共识。但是，大学英语教学始终无法真正摆脱应试教育的桎梏，大学英语教学"费时低效"积弊甚深，沉疴已久，实施大学英语有效教学改革，需要在教学理念上实现四个"目标转向"，而实现这一目标需要学校、教师、学生、资源提供商等多方参与，以主体间对话为基础构建崭新的多元教学模式，促进作为教学主体的师生在理解中学习、在对话中巩固、在实践中提高，从而营造开放、和谐、创造、发展的大学英语教学新面貌。有效教学是当今崇尚效率的社会价值取向在教育领域的映射和回应，大学英语教学目标需要由原来的以传递知识为主转变成以培养学生的创造性思维、提高学生的综合素质为主，实现以"自主、探究、合作"为特征的大学英语有效学习。同时，大学英语教学需要把握高等教育发展新脉络，主动适应现代教育信息化技术新发展。一方面，实现由表及里、由认知到实践的大学英语知识内化与建构；另一方面，实现师生间、生生间的知识传递与共享，完成知识的外化及思想智慧的共享，从而真正实现从有效教学到高效教学的迭代。

二、目前英语教学所出现的问题

之所以要改革，是因为当前的大学英语教学中存在着多方面的问题，如词汇方面的问题；阅读与写作方面的问题，听力与口语方面的问题，翻译方面的问题等等。下面，我们具体来看一下这些问题有哪些方面。

（一）词汇和语法方面的问题

1. 词汇方面的问题

词汇是英语学科中的基础枝干，是奠定学生英语水平的重要因素，学生只有具备扎实的词汇基础，才能实现更高层次的英语学习效果。然而，在当前的词汇教学中却存在着许多亟待解决的问题。

在教育改革的背景下，英语词汇教学受到了愈加明显的重视。而对词汇教学中存在的问题进行研究，是为了探索针对性的改进对策，不断优化词汇教学的模式，使学生能够在良好的教学环境中，实现长足稳定的成长和发展。基于以上目的，本书接下来将对当前词汇教学中存在的问题进行探究。

（1）学生缺乏学习兴趣

在当前的大学英语教学中，教师在教学时没有创设具体的语言环境，所以学生只能通过机械式的记忆方法学习词汇，在这种情况下，学生不能准确理解词汇的含义，所以他们的记忆效果也不佳，经常出现"金鱼式记忆"。而这种不佳的学习效果，使得学生的学习信心受到了不良影响，久而久之，他们的学习兴趣也就会被削弱。

（2）学生词汇储备较少

教材是学生学习英语词汇的主要来源，教材中具有不同词性、种类的词汇。但是，在当前的教学中，教师对教材中的词汇进行选择性教学，让学生重点学习考试中的知识点，忽视了一些略读课文中的词汇内容，甚至直接舍弃部分生词语句，同时部分教师也不注重拓展学生的阅读范围，所以学生的词汇储备量与大学生的年级层次呈现出不相符合的状态。

（3）词汇应用能力薄弱

学生学习英语词汇的目的是增强自身的英语素养和应用能力。在当前的英语教学中，学生对词汇进行单向记忆，他们能够准确地说出生字词和语句的标准含义，也能够利用英语字母拼写单词，但是却很难将掌握的单词语句应用到写作实践和口语练习中，如果词汇转变了不同的语境，他们就很难识别其正确的含义，这就说明学生的词汇应用能力较为薄弱。

（4）教学方法落后单一

受到传统教育思想及自身能力的限制，有一部分大学英语教师在开展词汇教学时，仍然采用落后单一的教学方法，无法与新课改和素质教育的理念相契合。他们通常都会按照"教师范读—学生朗读—讲解词义—自主背诵—默写"这一固定的套路进行教学，长此以往，学生就会形成思维定式，词汇教学的课堂也会逐渐走向沉闷化，学生的学习效率也得不到提升。

经过以上的分析可以得知，当前大学英语词汇教学受到传统教育思想影响较深，教师采用的教学方法落后单一，所以学生的学习兴趣和词汇基础都较为薄弱，而且词汇教学中缺乏实践活动，学生的应用能力也不足。因此，针对具体的问题，为了提升词汇教学的有效性，使学生具备扎实的词汇基础，教师就应该采取对应性的改进策略，以此推动大学英语教学的发展。

2. 语法方面的问题

（1）英语课时较少，语法教学设置失误

大学的课时普遍较少，对于英语所设的课程教学时间逐渐呈现减少趋势，部分大学一周只有两课时的英语课，甚至有些大学每周只有一课时英语课。英语课时减少，导致教师只将大部分的精力投入在对课文和单词的讲解上，为了在有效的时间内达成过多的教学任务与目标，教师不得不减少教学内容，致使语法知识被严重忽略，只是草草讲过，并没有进行专项学习与训练。并且，大学中专业众多，不同的专业对于学生的英语水平要求不同，但是有部分大学对不同专业、不同英语水平的学生采用同样的语法教学，导致基础好的学生在进行无意义的重复工作，基础差的学生则难以理解教师所讲的语法知识内容，难以准确提高学生的英语语法知识和综合能力。

（2）大学英语语法教学理念错误

随着新教育的不断改革，在很多教育领域，传统的教学方法已经无法满足现如今的教学要求与教学目标，落后的教学方法是由陈旧的教学理念所引导的。教师在进行大学英语教学的过程中，对语法知识的判断出现错误，认为一些语法知识在中学已经讲过，大学就没有必要再重复，但其实在中学阶段，学生所接触到的英语语法教学只服务于高考，教学方法顺应应试教育的理念，学生在语法上只有短暂的记忆。大学的知识与高中所教授的语法知识仍然具有本质上的区别，并且在紧张的高考结束之后，学生在暑假的消耗中，大多数已经没有了高考前的英语水平，因此许多大学会针对大一新生进行英语摸底考试，通过对英语语法进行全方面测试，以此来制订大学生的英语教学目标与计划。此外，教师还因为太重视对英语口语的训练而忽视了对语法的教学，错误地认为语法教学对英语交流交际能力的提高没有帮助，甚至认为语法教学会打消学生学习英语的兴趣，这是英语教学过程中的最大误区。英语语法教学是英语本身的核心部分，与英语交流能力的培养是共同促进的。如果跳过语法教学，直接进行口语上的交流，则会导致学生犯基础性的语法错误，准确率下降，最终无法完成完美的交流过程。

（3）大学英语语法教学方法落后

大部分大学对于语法教学并没有很明确的教学目标与教学要求，因此大学英语教师虽然在大学英语课上会讲授英语语法知识，但并没有规范化和专门化，教师在进行语法教学的过程中，会根据自己的教学方式进行很大程度上的调整，具有非常大的随意性。英语语法知识的重点应该在对学生基础和专业进行同时考虑之后才决定下来，但其实大多数的大学教师并没有对学生的学习情况和专业进行考虑，而是根据自己的理解方式进行授课。并且教师仍然以传统的机械化的方式对语法知识进行讲解，内容十分枯燥和单一，不仅无法激起学生的积极性，还对英语语法知识无法全面概括，使语法知识与学生的学习相分离，学生不能掌握和运用语法知识，甚至对其难以理解。这些教学方式都无法真正增加学生对英语语法知识的掌握，无法提高英语的综合能力，导致语法教学的效果与质量极差。

（二）阅读与写作方面的问题

1. 阅读受词汇、语法和语篇衔接的影响

（1）词汇方面

大学生的英语基础较为有限，如果英语文章中的生词较多，那么学生则无法对其中的大意进行了解，长此以往就会对英语阅读产生反感。同时，学生因为对一些固定搭配和词组掌握得并不足够扎实，所以在文章阅读中经常出现错误。因此，要想提升学生的英语阅读水平，首先要做的就是增加他们掌握的单词量，在对词汇进行记忆的过程中，应尽可能地利用句子或者文章来帮助记忆，从而使其在对词汇进行实际应用时能够更加灵活。

（2）语法方面的问题

语法是英语阅读的重要基础，如果不熟悉语法，则会影响对句子的正确理解，最好的语法学习策略应从语篇开始，通过实际的语境来了解语法结构，帮助学生明确应用方法，在阅读教学中通过语法的学习也能帮助学生熟悉和掌握语言规则，从而更加灵活地运用，长此以往学生就不会再觉得英语语法晦涩难懂了。

（3）语篇衔接方面的问题

对于英语文章来说，不管字数多少，所有句子和段落都是语意连贯的，所具有的语意十分完整。所以，除需要语法正确外，也需要保持意思连贯，包括语用连贯和语义连贯。与此同时，语篇要具有明晰的表意，能够准确传达作者的思想和主题，这同样是大学英语阅读教学中需要重视的问题，教师在教学中需要引导学生掌握语篇衔接和连接词用法等重点内容，从而帮助学生更好地突破薄弱环节。

2. 写作技巧匮乏和教师诊断的不足

（1）写作技巧匮乏

很多学生在应试教学模式下会觉得英语写作是一大难点，他们不仅认为英语写作能力的提升比较慢，还觉得自己缺少写作的方式和方法。

其实，在英语写作过程中，我们可以发现很多学生会忽视英语写作技巧方面的训练。学生在写作时对于题目不认真审视、不提前构思，导致在写作过程中想到一句写一句，为了完成词数要求，东拼西凑，缺乏流畅性。出现这种情况的主要原因是学生在学习过程中缺乏有效的训练模式，因此教师应该进一步加强对学生的训练。

（2）教师诊断的不足

英语写作教学实践数据表明，很多教师虽然一直在开展诊断性教学工作，但是并不系统，教学效果无法保障。具体问题体现在如下几个层面：首先，有些教师会受教学任务的限制，倾向于选择性反馈学生的英语写作错误；其次，教师在诊断错误和反馈错误的过程中没有结合有效的反馈方法，而是直接告诉学生存在的问题，没有对学生进行引导并使其思考，学生仅限于对当前某一写作问题的错误进行纠错，缺少整体系统的思考；最后，教师没有立足于学生核心素养的培养视角，对学生的英语写作能力及自我反思、总结能力重视不足，这种教学观念也在无形中影响着学生的纠错看法。当教师将错误反馈给学生时，学生往往产生的看法和行动相悖。

（三）听力与口语方面的问题

教育部2020年最新版《大学英语教学指南》的三级目标体系对听力单项技能提出了明确的教学要求。然而，当前我国大学生的英语听力能力普遍较薄弱，制约了学生英语综合能力的提升。

1. 听力教与学的不足之处
（1）听力教学模式单一

在当前许多大学英语听力教学中，传统教学模式仍占主导地位，以教师讲解教材内容为主要语言输入形式，学生被动地接受。这样的情况下，学生很容易产生学习倦怠感，逐渐丧失英语学习的动力，师生教与学的积极性都会受到影响，最终严重制约大学英语听力课程教学质量的提升。

（2）听力教学内容陈旧

在教育信息化时代，知识的传播和更新变得更加便捷，然而大部分大学英语听力纸质教材的内容相对滞后。当前许多大学英语教师主要使用教材里的听力内容，辅以多媒体手段进行听力教学，很少会根据教学任务搜索和利用网上资源。由于教材内容的滞后性，教学内容和学生心理预期之间存在较大差距，这直接导致学生对课堂听力教学内容不感兴趣，听力课堂的教学质量和效果受到极大的不利影响。

（3）教学评价体系不完善

教学评价体系是大学英语教学的重要建设环节，不仅包括对教师课堂教学目标实现程度等因素的评价，同时也包括对学生学习效果与学习能力的评价。从当前大学英语听力教学实践来看，教师主要通过终结性评价，即听力考试成绩对学生进行考评，而对于学生的听力课堂表现、课前课后自主听力学习等阶段性因素的关注度相对较低。这种考评机制忽视了形成性评价的运用，不利于调动学生学习的积极性。

（4）英语听力句意翻译水平低

①听力句意翻译水平低

在进行听力理解的时候部分学生习惯把听到的材料先译成汉语，在答题时再转换成英语，其结果就是听懂了上半句，下半句已经进行了一半，这体现在学生学习英语所存在的弊端———听和说是短板，即使是对一些已经通过了英语四、六级的同学，这一现象也非常典型。这一典型现象，被学者称为"哑巴英语"———会写、会读但是听和说的能力水平普遍较低，学生英语听力差的首要原因是母语语言体系的不同，汉语和英语属于不同的语言体系，所以会导致学生听到英语的时候第一反应是按照汉语的逻辑思维来翻译英语句子。例如英语句子：

Since after school, children spend the rest of time at home and they will loose the disciplines learnt from school, as the parents, adults should help children to behave themselves and to keep them obey the rules.

这句话的翻译应该是：帮助孩子守纪律和服从规则是作为父母的一项的最基本任务，当孩子摒弃了学校的纪律并且拥有了大量的时间。但是按照汉语逻辑来翻译就是：放学后，孩子有大量的时间在家，他们摒弃了学校的纪律，作为父母，成年人应该帮助孩子们守纪律并且让他们服从规则。当翻译出错的时候，整个句子的逻辑都是不通顺的，句意也是模糊的。句意的翻译首先看单词，然后看句意的环境，结合二者才能得到正确的听力翻译。

②英语听力长句翻译水平低

科学家做过研究，能听到一句非母语的长句并能在大脑里按照正常交流速度把句子翻译完毕的学生寥寥无几。对于英语的长句，学生在单词和语法都已掌握的情况下，由于听的时候速度跟不上，也会导致翻译不完整。英语正常的语速比汉语正常的语速要快，因为英文句子是由单词构成的，单词往往有很多个音节可以连读。而汉语句子是由字构成的，一个字就是一个音节，如英语 look out 和汉语的"朝着"。英语连读是很常见的事情，而当长句中出现连读时就会加重学生的听力困难，导致学生进入听不清楚的状态。

（5）英语单词会写但不会发音

还有部分学生在英语单词的学习中错误地用"拼音拼读"，这是非常不利于学生学习英语的正确发音的。从大学英语教育开始，个别教师不注重发音教学，导致学生对英语的正确发音一知半解。这是"应试教育"的弊端在英语学习中的最大体现，导致了学生只会写单词，知道它的意思，但是却没有办法读出单词的标准音。大学英语的学习，需要学生开口读，更需要学生去听，但学生语音知识缺乏，无法正确读出单词，更无法识别单词的连读、爆破等音节，结果学生在听的时候无法和脑海里已有的单词读音相匹配，导致学生听力能力水平低下。例如排球 volleyball 这个单词，很多学生只知道这个单词的拼写，但是却不知道这个单词的音标，更不知道它的正确发音。在听力中不知道单词的正确发音会导致听错词语或者听不清楚，这便是部分学生听力水平低下的原因之一。

2. 口语方面的一些问题

英语口语表达是体现学生语言综合应用能力的重要指标之一，也是英语学习者公认的难点。英语口语不仅能反映出学习者的英语语言组织能力，也能体现其语言综合应用能力。然而，受客观条件、课堂教学测评方式、教师测评素养等诸多因素的影响，目前的大学英语口语教学模式尚存一定问题，教学效果并不十分理想。

（1）教学条件方面

①大班授课，课堂诊断测评实施受限

目前大学英语班级人数普遍在 50~80 人，大班授课环境对课堂诊断测评造成了一定困难。任课教师很难在课堂上开展诊断测评。课堂教学中，很多教师为能在有限教学时间内完成教学任务，会牺牲课堂诊断测评时间，尽可能扩充课堂讲解容量，保证教学效果。然而，这样重输入、轻输出的教学模式会使学生语言学习兴趣降低，不利于其进行口语输出。同时，教师无法对学生的知识掌握情况进行有效的诊断测评，口语教学效果不甚理想。

②课堂测评方式单一，课堂反馈不够及时全面

目前，大学英语口语教学课堂评价方式虽已开始重视过程性评价，但整体来看，课堂测评方式不够多元化，且过多依赖终结性评价。单一的课堂测评方式忽略了对学生学习态度、学习能力、学习方法及学习过程的综合评价，不利于培养学生的口语表达等语言综合应用能力。对于英语口语输出困难的学生，单一的终结性测评方式将直接影响其英语口语学习积极性和主动性。同时，大学英语口语课堂上，教师尝试使用过程性评价方式鼓励学生积极参加课堂活动，完成课后口语产出任务等，但这些评价手段缺乏系统性和科学性，教师的评价反馈往往只对部分口语程度较好的学生起到正面的激励作用，并不能使所有学生从中受益。

③口语教材内容有限

教材作为学生获得系统性知识、进行学习的主要材料，能有效提高学生的口语表达能力。但其中的案例及素材所占比重较小，仅凭教材知识无法满足学生口语培养需求。

④评价标准单一

期末考试和证书考试通常是口语专业学生的考核指标。该评价体系未能在教学过程中充分评估和了解学生的初始水平、提升水平，未能有效指导学生调整学习。

（2）教师方面

①教师语言测评素养有待提高

诊断性语言测评素养是衡量教师职业能力的重要指标之一，教师通过获取课堂多元诊断评价信息并及时反馈给学生，不仅可以提升课堂教学效果，还可帮助学生及时调整学习方法。然而，目前大学英语教师的语言测评素养相对有限。部分大学英语教师能够在课堂上开展形成性评价，并及时将结果反馈给学生，但由于教师自身对诊断性语言测评素养知识和技能掌握不足，教师实施课堂语言测评

的手段相对有限，无法保证课堂评价的信度和效度。

②教师水平欠缺

首先，大部分英语教师只接受过国内大学教育，鲜少有国外留学经历。大部分大学英语教师可以做到语音正确，但是语气及腔调都仍与真正的美式、英式英语存在很大不同。其次，一名大学英语教师通常要教授几个班的大学英语课程，一周课时数达 20 节课，没有多余时间进行深造。而口语教学是需要与时俱进的，英语教师必须不断更新自己的知识储备。最后，一般应用型大学没有专门教授大学英语口语的教师，也少有教师专门钻研大学英语口语教学。

③教学方式单一

在课堂时间安排上，英语教师采用灌输式的教学方式，教师单独讲解占据了大部分的课堂时间，而英语教师讲解又以完成教学任务为目标，至于学生的英语口语练习时间则不在教师的安排之内。

在部分院校的英语课堂上，教材和黑板是最主要的教学工具，学生听力部分的练习主要依靠英语教师一遍又一遍地示范。除此之外，就是借助录音机播放教材内容，学生只负责认真听英语教师口语发音和磁带播放的内容即可。这就导致了英语听力教学方法过于单一且枯燥无味，学生的学习兴趣自然提不起来，有些学生甚至在听力课堂中犯困、打盹儿，课堂质量无法得到保证。大学正是学习知识的黄金时期，是学生迈入社会的前一个阶段，若学生没办法在英语听力学习中提升自我、提高英语水平，则会对他们日后的发展与就业产生不利影响。同时，若大学生英语听力教学质量长期处于较低的水平，很容易导致学生听力成绩难以提高，学生也容易变得更焦躁，进而导致提高英语听力教学水平难上加难。

（3）学生方面

①学习动机不足

学习动机是指引发并维持各种学习活动的倾向，是直接推动学生进行学习的一种内部动力。学习动机可以划分为内在学习动机和外在学习动机。内在学习动机主要由学习需求引发，如学习者的学习愿望和学习兴趣；外在学习动机来自外部环境施加的影响，以吸引、激励、诱发手段为主，也称学习的"诱因"，如父母的鼓励、教师的表扬、工作需要等。

口语是一种交流的工具，流利的口语有益于学习者个体的长远发展。目前大部分学生学习口语是为了应试和取得相应证书，且认为工作后缺乏口语应用场景，所以没有强烈的学习动机。

②英语水平不高

部分学生存在语言基础不扎实、知识面较窄、发音和语调较差、句子结构和句法知识掌握较差、逻辑性欠缺、表达不流畅等问题，信心不足导致学生学习兴趣降低，进一步影响水平提升。

③学生个体差异

学生基础英语水平差异较大，大学英语课堂教学时学生较多，确立学习目标时难以考虑学生的个体差异，忽视了基础薄弱学生的学习需求。部分学生的英语水平较低，导致在英语教学环境中无法有效消化课堂知识。

④学生缺乏听力技巧

英语听力练习不仅需要学生付出较多的精力，还需要一些好的技巧与方法的辅助。虽然大学生理解能力较强，但是由于缺乏专业指导和技术技巧的辅助，学生很难在短时间内实现英语听力能力的提升。而想要掌握英语听力技巧，首先就要事先了解文章，善于分析文章关键字与用词含义，把握词语的正确读音；除了这些，还要及时修正错误，找出错误出现的原因。对于大部分学生而言，他们过多地将精力聚焦在单纯的听力练习中，而未能充分挖掘英语听力技巧，导致英语听力能力提升缓慢。加上英语教师在听力技巧上的教学缺失，导致很多大学生并未将英语听力技巧重视起来，也就延误了提升学生英语听力水平的最佳时机，之后想要提升英语听力水平就变得更加困难。

⑤英语实践机会较少

想要提升英语听力能力，最好的办法就是多说、多听，克服胆怯、羞涩，在各种情况下、各种状态下都要大胆地说、认真地听，这样听力经验和能力自然会得到快速累积和提升。由此可见，在教学中给予学生实践机会是十分重要的。大学中的英语实践较为灵活，学生可以对自己所学的知识进行最大限度的应用，说错也没有关系，最重要的是敢说、多说、多练习。可惜的是，在当今的大学英语课堂教学中，英语教师要负责的学生很多，给予学生的实践机会并不多。

三、大学英语教学改革应注重的对策

（一）英语词汇教学的改进策略

1. 利用情境提升学生兴趣

为了增强英语词汇教学的有效性，改善当前教学的低迷现状，不断提升学生的兴趣，教师可以创设现代教学情境，带领学生进入现代化的教学场景，从多角度体会英语词汇的内涵和精髓,以此调动学生的积极性和主动性。具体而言,首先,教师可以在备课阶段通过互联网教学资源平台,搜集与词汇教学相关的图片、视频、音频等内容,增强词汇教学的丰富性。其次,在课堂教学时教师利用多媒体展示屏,将提前搜集的图片、视频等资源展示出来,以生动的方式解释词汇的内涵,加强学生的理解,让他们在现代化的模式中调动和保持对词汇学习的兴趣。创设现代教学情境的方式,不仅能够提升学生的学习兴趣,还能够深化学生对单词和语句的理解。

2. 加强文本阅读教学

阅读教学是英语教学中的重要内容,它是英语词汇的主要来源,对学生的词汇储备量具有重要的影响,如果学生能够不断拓展自己的阅读范围,他们就能在丰富的文本素材中积累词汇。然而在当前的教学中,由于教师的选择性教学和唯教材主义,学生的阅读范围受到了局限。因此,为了改善词汇教学中存在的问题,教师可以加强文本阅读教学,形成以教材为基础、以课外文本资源为补充的阅读教学体系,让学生在多样的文本资源中感受不同语境中词汇的不同含义。具体来说,教师在进行课内文本阅读教学时,可以带领学生分析和解读文本中的重点词汇,让他们充分理解单词和语句的含义,并以课内文本主题为切入点,引导学生广泛搜集课外资源,进行主题阅读活动,从而在阅读中积累词汇素材。通过这样的方式,学生的词汇量能够得到明显的增加,阅读能力也能得到提升。

3. 开展英语词汇运用实践活动

英语学科是一门对实践能力要求较高的课程,如果学生能够在实践中应用词汇,那么他们的词汇实践应用能力就会得到明显的提高。但是从当前的教学现状来看,由于机械式记忆学习模式和套路式教学模式的影响,学生的词汇应用能力相对比较薄弱,他们不能准确地利用英语单词和语句传达情意。因此,为了增强英语中词汇教学的有效性,教师可以创建英语实践活动,让学生在实践场景中明确词汇的具体应用方式和技巧,以及在不同场景中词汇的具体含义,以此加强他们的应用能力。首先,教师可以在课堂教学阶段为学生设置专门的口语训练、写作板块,给予学生自由应用词汇的时间和机会,让他们能够在实践过程中锻炼自己的英语表达能力。其次,教师可以定期举办演讲、朗读、写作竞赛等实践性的活动,激发学生的参与欲望,让他们在活跃的氛围中提升自己的应用能力。组建实践活动的方式,不仅能够焕发英语课堂的活力,还能最大程度地提升学生应用词汇的能力。

4. 融入一定的英语文化元素

文化意识也是词汇教学中的重要培养目标，学生只有具备强烈的文化意识，才能真正理解语言背后的文化元素，以此加深自己的阅读能力和理解能力。然而从当前的教学中不难看出，教师在进行词汇教学时，往往都将词汇看作一个单独的体系，既没有深入挖掘教材中的词汇文化元素，也没有开展专门的文化教学活动，所以学生的文化意识不强。因此，为了构建高质量的词汇教学课堂，增强学生的文化意识，教师可以引入英语文化元素，让学生了解词汇背后蕴含的文化内涵，从而在加深学生词汇理解能力的同时，发展他们的跨文化意识，促使他们形成正确的世界观。具体而言，教师可以针对具体的教学内容，在备课阶段提前查阅词汇的特殊文化意义，并在课堂教学中以讲故事、角色扮演等趣味化的形式展示出来，让学生能够深入理解英语词汇中丰富的文化元素，以此增强他们的文化知识储备。这样的方式，不仅能够增强学生的文化意识，还能够开拓学生的眼界，推动他们的全面发展。

5. 使用对比教学加强记忆能力

记忆能力是学生学习词汇不可或缺的一种能力和素养，只有学生不断提升记忆能力，他们才能不断拓展自己的词汇储备，以便在应用时能够及时调取脑内的储备内容。但是在当前的教学中，教师过于关注学生的机械式背诵教学，导致学生陷入"背诵—遗忘—背诵"的恶性循环，这不仅浪费了学生的时间，还使他们产生了焦躁心理。因此，为了改善词汇教学中陈旧的教学模式，提升学生的词汇记忆能力，教师可以利用对比教学方法，让学生在比较中明确不同词汇的异同点，并在此过程中形成独属于自己的记忆规律，以此激发学生的潜能。具体来说，教师可以引导学生将结构或含义相似的词汇进行比较，让学生找出单词间的相同点和异同点，让他们在新鲜事物的刺激下，探索出创新化的记忆方式，从而达到事半功倍的记忆效果。通过对比教学，学生不仅能够加深对词汇的理解，还能够提升记忆能力，不断增加词汇储备数量。

6. 开展语音教学模式

语音意识是英语教学中的重要培养目标，也是影响学生学习、记忆和应用词汇的重要因素，学生只有具备扎实的语音意识，才能通过分析语音要素提升词汇学习能力。但是在以往的教学中，教师通常都是以范读和学生自由朗读的方式开展词汇语音教学，没有对学生的语音进行纠错和规范，所以学生的朗读技巧和语音意识就没有得到充分的发展。因此，为了推动大学英语词汇教学的发展和进步，增强学生的词汇语音意识，教师可以构建语音教学模式，让学生明确不同词汇的语音差异、朗读技巧等，从而在阅读中进行正确的区分和记忆，以此提高学生的词汇学习能力。具体而言，教师可以利用标准的语音音频，带领学生梳理词汇的语音形式，使学生明确单词的音标，并运用批注学习法，标注词汇的具体读法和朗读技巧，从而不断加强学生的语音意识。通过以上方式，学生不仅可以增强语音意识，还能够提升自己的词汇表达能力。

7. 基于图式理论进行词汇教学创新

当下的大学英语教师应该积极革新教育理念，积极创新教学模式与方法，基于图式理论开展词汇教学，结合学生自身的基础，帮助学生打破传统的机械记忆并梳理词汇知识框架，建立词汇知识网络，有效提高学生的英语能力及学科核心素养。

（1）图式理论与大学英语词汇教学的融合路径

在大学英语词汇教学融合图式理论的教学模式下，在学生开始学习词汇的语音及语法知识的时候，教师可以帮助学生构建语言图式，这也是提高英语能力的关键，只有构建了完整合理的语言图式，才能在此基础上展开内容图式及形式图式的构建。如果说语言图式的建立是为了让学生对语言学习有所认知的话，那么内容图式的建立就是为了帮助学生更为透彻地理解词汇。内容图式的本质就是人们关于某种话题的背景知识和世界知识。在大学英语词汇教学当中能够发现，部分学生虽然可以听写很多的词汇，但是在阅读或者理解上却存在很大的障碍，难以根据上下文意去准确理解词汇，更谈不上运用词汇去表达自身的想法，英语成绩自然也无法得到有效的提高。出现这个问题的本质原因是学生没有形成英语词汇的内容图式，无法将词汇信息与大脑中的相关背景知识及世界知识建立联系。这也凸显了内容图式在英语词汇教学当中的重要性，同时也是提高大学英语词汇教学有效性的重点突破方向。

文本图式则是文本的背景知识，包含组织形式及相应的修辞手法等，也就是文本体裁和篇章结构方面的知识。文本图式也是在学生词汇量及词汇理解度达到一定程度之后，就可以开展具有针对性的文本和篇章的训练，它能够强化学生对词汇的记忆与理解，锻炼学生的词汇应用能力，从而有效增强学生的英语能力，提高大学英语词汇教学的效率与质量；与此同时，学生的学科核心素养也能得到有效培养，学生的自我学科学习策略和习惯也能够同步得到改善。

（2）基于图式理论的词汇教学流程

笔者根据多年教学经验总结出基于认知图式理论的大学英语词汇教学流程，即"引入激发—任务学习—练习巩固—综合运用—反馈补救"。

在引入激发阶段，需要针对课堂内容找到整个认知图式的切入点，迅速吸引学生的注意力；

在任务学习阶段，需要精心设计学习任务，充分利用学生已有的知识网络，有逻辑地呈现单词图式的每一个环节；

在练习巩固阶段，需要通过任务让学生熟悉并深化新的知识结构网络；

在综合运用阶段，需要鼓励学生在情境中使用单词，扩大图式网络；

在反馈补救阶段，需要运用现代信息技术，发现学生在使用单词过程中存在的问题，从而形成单词掌握雷达图，有针对性地解决薄弱单词，并对"学困生"进行精准辅导，推送资源，开展补救性学习，弥补其单词认知图式的缺陷。

（3）图式理论在大学英语词汇教学当中的体现方式

①语言图式的学科适应性表达：构词图式

语言图式在大学英语词汇教学当中的适应性表达方式就是构词图式，基于构词法展开词汇之间的结构联系，蕴含着合成和派生的技巧性。基于一个或者一类的词形结构认知，实现举一反三，实现新知识与旧知识的联动性，展现的是词与词之间的关联性，是语言图式的适应性表达，是实现词汇学习有效性最快速的途径。基于语言图式的词汇学习的方法，不仅可以让学生的词汇量得到提高，而且可以使学生在词性、词义的理解及记忆方面的能力得到切实的增强。最切实的能力体现，就是学生可以基于词汇结构的关联理解词汇的含义，这在英语阅读及完形填空这类实践题当中效果显著，是学生阅读理解能力得到提高的最直接的展露。

例如，homework，是由 home 和 work 组成的，意为家和工作，全意是家庭作业。我们就可以基于构词图式，展开逆向思维的拆分，将 homework 还原为 home 和 work，然后匹配与之相关的合成词。

又如，uncomfortable，结构为 un-comfort-able，可以展开以 un- 为前缀的词汇联想和以 -able 为后缀的词汇联想，进行举一反三，开展词汇记忆与理解。如此，可以有效拓展学生自身的词汇量，并且达到旧知识与新知识的联动，增强学生对新词汇的记忆和对已学词汇的巩固。

②内容图式的学科概念性表达：主题聚类图式

什么是内容图式在大学英语词汇教学中的概念性表达呢？那就是将一类认知相关的不同形式的词汇，通过同一个主题进行联系后记忆的方式，这就是主题聚类图式。

例如 spring、summer、autumn 和 winter（春、夏、秋、冬），就是基于同一个主题的聚类。又例如 summer、sizzler、icecream、air（夏天、炎热天、冰激凌、

使通风）。这些词汇都基于不同句法和语义特征，但是拥有相同的主体概念，从而具有联系，可以有效展开联系记忆。当我们联想到这些词时，就会出现一年四季及在炎热的夏天吹着风、吃着冰激凌的画面。这就是将词汇基于主体聚类图式结合大脑已有的知识进行关联，可以有效地促进学生基于心理词汇建立有效的知识框架去理解词义与联想相关词汇，增强学生的词汇储备和理解度。其优势就是能够打破词汇孤立记忆模式，革新传统的死记硬背模式，围绕同一主题展开语义联想，这也是内容图式基于大学英语词汇教学的优势体现。

③文本图式的语境关联性表达：篇章词汇衔接图式

我们应该明白，一个英语词汇的意思往往不会局限于单一的词义，而应该基于具体语境与句意去具体理解。就像我们汉语当中不同的词语在不同的语气和不同的表达情况下也会有不同的意思体现。所以，大学英语词汇的学习与运用理解也是需要基于具体语境及结合上下文的结构形式的。很多时候，要根据具体的语义做出一定的词形改变，例如：名词的复数形式，如 flower — flowers；以及各种时态中动词的变化，如 go—went；或者词性的转化使用及理解，如 jump-jumping，等等。

综上所述，图式理论在大学英语词汇教学当中的应用，可以有效地打破传统的英语词汇教学的弊端，如记忆方式单一、死记硬背、机械记忆模式等；理解难、运用难的局面也可以被打破。通过构词图式、主题聚类图式及篇章词汇衔接图式有效开展特色教学活动，既丰富了教学内容，让学生可以在教师的积极引导下发挥潜力，又改变了以往的教师教、学生学的被动学习的局面；既重视了学生的主体性，又有效地激发了学生对英语学科学习的兴趣及学习词汇的内动力，做到新知识联动旧知识。此外，多层次教学模式的开展既让不同层次的学生学有所得，又提高了大学英语词汇教学的效率和质量，学生的学科核心素养得到了有效培养。与此同时，也改善了学生的自我学科学习策略和习惯，有效打破了当前大学英语教学面临的学生英语基础薄弱及英语学习气氛低迷的局面，提高了学校和学生的社会竞争力。

（二）大学英语语法教学中的改进策略

1. 结合学生实际情况进行教学设计

大学英语所分配到的课时较少，大部分的大学教师在课堂上往往是进行读、写、语法教学的共同讲授，这种混合式课堂有致命的缺点，既减少了读与写的时间，又无法将语法知识真正地讲通透，因为时间的关系而无法真正地完成一项教学任务。因此，教师应该根据学生对语法知识的实际掌握情况进行相关语法知识的选择排除，减少讲授学生已经掌握熟练的语法知识，对模棱两可及陌生的语法知识进行讲解；单独安排语法教授的课时，与其他学习内容分离开，以达到更好的语法教学效果。

此外，对于学生因材施教也十分必要。学生对英语语法知识的掌握水平参差不齐，教师可以选择性地开设选修课，对语法知识薄弱、自控能力不强的学生单独授课；也可以采取英语语法知识讲座的方法，在讲座过程中，以一个或两个语法知识作为主题进行专题讲解；还可以通过网络授课来打造在线资源，如大学慕课、微课等新兴的网上教学方法，通过这些方法指导学生在课余时间进行对语法知识的学习、自身的查漏补缺，弥补英语学习上的缺陷，提高整体英语水平。

2. 采用趣味性语法教学方法

中学时期，学生已经对枯燥乏味的语法知识产生了抵触心理，这是因为传统的语法教学忽略了趣味性教学，只是对语法知识进行枯燥的讲解。随着新课改的推进，大学英语语法教学也要追随教育的改革，彻底改变传统的教学方式，重视对趣味性方法的应用，以此来减少学生对英语语法知识学习的排斥心理，提高其学习欲望。大学教师在进行语法知识备课过程中，应多采用灵活生动的课堂形式，以此来增加课堂活跃度，提高学生的学习欲望。

例如，对语法教学进行任务型教学方法。在语法教学过程中，教师可以选取一些学生比较感兴趣的时事新闻，或者是生活中流行的语言、故事等来设计不同类型的语法填空，如以取快递、共享单车等学生生活中常见的事物为主题，让学生在教学过程中进行填空，通过新鲜的文章内容来吸引学生的学习兴趣，通过任务型教学来驱动学生进行填空练习，对表现好的学生应采取表扬和奖励，以此来培养学生对英语学习的兴趣和动力。大学英语语法教学的最终目的是让学生通过对语法知识的掌握来提高英语综合能力，在口头上和书面上都可以有较高层次的提高，为之后的英语学习打好基础。

3. 运用知识对比来进行语法教学

在大学英语教学过程中，学生很容易受到汉语的语法结构和思维方式的影响，如普遍的汉语式英语等现象，学生通过汉语的思维方式，往往会陷入听力和阅读理解的困境，可能会出现单词都认识，但组合在一起不知道什么意思的情况，对于长难句不知从何下手。如此看来，教师在大学英语语法教学过程中，应首先排除汉语式思维对学生学习英语的影响，可以通过对比式教学将英语式思维与汉语式思维进行对比，让学生更好地记忆和理解。对此，引导学生找出两种语言思维方式的不同与联系，以此来掌握英语思维的方法和规律，提高学生对语法知识的吸收及英语综合能力。

比如，在现代汉语中，定语均放在名词的前面；但是在英语文章中，定语可以前置也可以后置，这就是英语与汉语的一点差别。英语文章中的句子大多数主要意思都在前面，而汉语则主要意思在后面。对于修饰语较长的句子，英语往往将句子后置，以形式主语 it 来作为主语；而在汉语中，修饰词往往放在名词之前。因此，在学习英语语法知识时，必须调整汉语式思维。教师可以通过对比汉语和英语中的不同，来帮助学生理解和掌握英语语法知识的规律。

（三）英语听力与口语教学的改进策略

1. 注意听力教学的优化

在教育改革创新的今天，各个学科都在改进教学方式，并创新着教学理念。英语作为各学科中较为重要的一门学科，必不可少地会吸收好的教学经验，从而带动英语教学质量的提升。在大学英语学科的学习中，英语听力是一项重要的学习内容，而大学生接触的英语知识难度较高，对于英语听力教学有着较高要求，掌握英语听力并不容易。通过对大学英语听力教学现状的分析，本书提出一系列改进大学英语听力课堂教学的有效性的策略，探索有效的大学英语教学模式，为大学生的英语学习提供更好的途径。

（1）创新教学方法，激发学生学习英语的兴趣

鉴于以往大学英语听力教学方法的单一化，英语教师要尽可能地创新教学方法，如采用提问式教学法，或情境创设法、探究式教学法进行教学，同时还要积极利用新媒体等进行听力教学，方法多样，可酌情甄选并予以实施，从而切实改善教学氛围，提升教学成效，让学生可以借助好的教学方法实现英语听力水平的快速提升。

想要提高学生的英语听力能力，只在教学方法上下功夫是不行的，还要致力于培养学生自主练习英语听力的兴趣。因此，在课堂教学和创新教学方法的过程中，教师要积极引导学生对英语听力产生兴趣及探究欲望，让学生自主练习英语听力。在兴趣的影响下，教师可节省心力，学生学习英语的热情也会更加浓厚。

需要注意的是，在创新教学方法和激发学生英语听力练习兴趣的基础上，还要合理把控英语听力教学的节奏，程度由简到难，节奏由慢到快，从而帮助学生提升英语听力水平。

（2）为学生提供实践机会，培养学生各方面的能力

想要提升学生英语听力水平，单纯依靠兴趣是远远不够的，还需要为大学生创造英语实践机会。英语教师除了要将实践渗透到听力训练，还需要将其渗透到英语读、写等方面，从而为学生提供全方面的英语实践机会和训练机会，只有这样才能全面提升学生的英语听力水平。为此，在课堂中，英语教师要给学生的听力训练和实践留出时间；在阅读方面，英语教师要培养学生边听边阅读的良好习惯，以便及时纠正错误发音，在阅读中培养语感，掌握英语文章的阅读节奏，从而对听力方面能力的提升起到促进作用。

做好这些基础训练后，英语教师可落实各项实践，如让学生在课堂上进行阅读演讲，也可在课堂中开展多项"教学+娱乐"活动，还可以为学生提供更多阅读机会，让学生的口语能力得到展现，让学生的听力能力得到有效训练和提升，这对于加深学生对文章的理解、领悟有着较大的益处。在学生们热情高涨的学习氛围中，英语教师还要鼓励学生进行总结，总结相近词汇，并记录它们的区别，这有利于培养学生分辨和应用英语词汇的能力，加深其对知识点的理解。此外，教师还可在课堂上为学生创造教学情境，组织学生进行实战演练，或是模拟情境让学生参与其中，从而提升学生的听力水平及口语表达能力。

（3）重视并传授听力技巧，让学生养成良好的听力习惯

在英语听力教学过程中，教师和学生都应加强对听力技巧的重视程度。英语教师要发挥教学和引导作用，在学生产生学习兴趣的时候，切实向他们传授英语听力技巧。例如，引导学生在听录音的过程中寻找关键词，这对理解整段录音是至关重要的，只有这样才能保证理解方向不出现较大偏差，保障做题的准确性。想要做到这点，就需要学生听取教师传授的经验和技能，日常增加词汇量储备，掌握正确的发音技巧，培养洞察力和挖掘能力。重要词汇必然能够使学生的学习思路回归到正确轨道上，学生对解答问题的把握也自然会增加，避免了盲听问题的出现，从而保证了听力的准确性。

在听力技巧传授的过程中，英语教师应当有意识且并不刻意地培养学生良好的听力习惯，因为良好的听力习惯可以大大协助听力技巧发挥作用，最终推动学生听力能力的进步。教师首先可以引导学生树立遇到难题要及时解惑的意识，选择自行解惑，如果解决不了再寻求同学及教师的帮助，培养学生积极解决问题的良好习惯；其次可以引导学生对以往的听力错误习题进行反复训练，并记录下容易出错的习题类型，从而避免在听力学习中再次出现相似问题。此外，英语教师还应重视学生的学习状况，在培养学生养成良好听力习惯的同时，帮助学生减轻

心理负担。

综上所述，英语听力是学生必须具备的一种能力。目前，大学英语听力教学中仍旧存在着诸多问题，影响和阻碍着学生英语听力能力的提高，导致教学质量普遍偏差。大学英语教师一定要注重英语听力教学，并且采取合理手段提高教学成效。英语听力的提高是一个循序渐进的过程，切不可操之过急。学生要在英语教师的合理辅导下逐渐提升自己各方面的英语能力。在正确的教学引导下，相信学生的英语听力能力一定会得到提高。

2. 加强口语教学

（1）融入混合式教学模式

大学英语口语实训教学长期面临实训环境和动机不足、跨文化交际情境缺失、课堂教学与实际运用脱钩、产出技能训练不足等问题。我们可以结合语言输入假说和输出假说理论，采用"线上输入—线下输出"的精准混合式教学开展口语实训课程实践。结果表明，这种新型的教学模式通过多模态的线上语言输入、真实情境化的线下课堂展开口语实训，提高了学生的口语实训热情及口语输出能力。

混合式学习起源于美国，后逐步发展成为线上线下结合的混合式教学理论。2003 年，中国学者首次将其引入中国，经过十余年的深入研究，混合式教学已经历技术应用、技术整合及"互联网+"3 个阶段。在技术应用阶段，强调技术的引入与重要性，教师不参与在线教学，学生开展纯在线的基于网络的自主学习；在技术整合阶段，开始划分技术应用的参与度，同时开始关注学生与系统之间的"在线交互"及教师与学生之间的"线下交互"；到"互联网+"阶段，借助飞速发展的信息技术，混合式教学已发展成为利用技术与教学的充分融合实现个性化指导、学生高度参与的教学环节。

在混合式教学的理论基础中，输入假说（the input hypothesis）占有重要地位。英语教学中语言输入信息太难或者太容易都无法获得较好的学习效果。此外，相关学者指出，在二语习得过程中，输出至少有如下 3 个重要功能。

一是注意功能：在语言输出时，学习者会关注自身缺少的语言知识，进而把注意力转向题目所需要学习的语言知识。

二是检验假设功能：二语习得的过程是对目标语做出假设并对该假设不断检验和修改的过程，而输出是检验的手段。

三是元语言功能：输出可以促进学习者对语言形式、结构和其他方面信息的反思，促进语义认知过程向句法认知过程的转化。

实际上，语言习得不仅需要可理解的输入，也需要注重输出。教师可以通过组织操练演习活动，使语言的粗调和微调输入与语言交际输出达到平衡状态，重视学生在学习过程中的兴趣和参与程度；也可以在语言学习的过程中，将精力放在"输入—吸收—输出"三个环节上，并强调提高英语应用能力的关键是输入和输出的全面兼顾和平衡发展。输入是输出的前提和基础，输出帮助学习者消化输入，将显性知识转化为隐性知识，二者相辅相成，共同促进，缺一不可。

高质量的语言输入材料，会对口语输出产生影响。早期，教师将课件内容放至网上供学生自学，到在线课程平台 Blackboard、Moodle 的出现，教师对在线资源的利用越来越多，学生也可以通过互联网方便快捷地获取语言输入知识，在线教学得到快速发展，由此也催生了混合式教学，它是在线教学和面授教学的融合。线上学习突破了时空限制，有利于教学资源的优化利用，课堂空间可以更多地组织面对面的活动，提高教学效率。大学英语口语教学强调输入与输出之间的联系，而混合式教学拓宽了教学实施者和学习环境的作用范围，通过创造比单一课堂教学或在线教学更高效和广泛的学习空间，更有利于英语教学活动的开展。大学英语学分压缩，在很多高层次的学校体现得更加明显，大多数大学认为"教师讲授＋适当的课堂语言实践"和"教师讲授＋学生借助网络教学平台的自主学习"这两个教学方法最有效。综合这两种教学方法，可以让学习者自主完成在线的"视—听—读"多模态语言输入任务，而充足的课前准备可以有效地缓解学生在课堂上的口语焦虑。教师专注于课堂上人与人的语言交互输出活动，输入和输出在有意义的交际环境中组合，口语学习才能取得成效。互联网时代，大数据、人工智能等技术手段的支撑可以变革教学模式，利用线上学习的数据和资源，以学为中心，实现从"经验驱动的模糊混合"到"数据驱动的精准混合"模式变革。混合式教学是否可以应用于口语实训？学生是否可以接受"课前输入—课中输出"的精准混合模式？实施的效果如何？这些都只有通过实践来回答。

总的来说，社会的发展对大学英语听说能力提出了较高要求，然而由于课时有限、班级人数较多，学生没有机会充分练习口语，口语应用能力始终难以提高。广大研究者还需要结合多种理论，将合适的教学运用于大学英语口语教学中，进行有效的教学设计，促使学生建构知识，开展有效学习，使口语应用能力得到提升。

（2）支架建构式口语教学的出现

将支架教学运用于大学英语口语教学中，一定要立足于学生现有的知识和能力，强调学生的参与及师生的互动，注重学生在学习过程中能力的提高，而不仅仅评价学生最终的口语能力。具体有以下教学实施步骤。

①课前线上情境导入

教师在课堂教学前应设计好教学情境，利用app或学习平台把与话题相关的学习资源发送给学生，为学生提供工具性支架，帮助学生进入话题，学生观看和查阅资源，并完成在线测验及练习，为后续课堂教学做准备。

②课中线下协作学习

协作学习是支架教学的重要环节，学生通过小组合作及互动的形式，练习和巩固学习到的新知识，互相促进，与此同时教师为学生提供必要的指导，通过生生和师生之间的互动，搭建支架，帮助学生提升语言应用能力。

③课后线上成果展示

学生课后总结探索，在线提交作业，是课堂学习的拓展与延伸，目的在于检验学习效果。在结束了课上话题的学习和讨论后，学生完成课后作业。由于课堂教学时间有限，教师无法检验每位学生的学习效果，因此利用app等学习平台在线收取作业便成功地解决了这个问题。这个环节作业的难度应比之前有所增加，是在掌握相关基础语言知识之后对学生的语言综合应用能力提出的更高要求。作业的形式多样，可以是调查报告、方案制订等创造性活动，鼓励学生进行探索性的尝试。随着学生学习的深入，教师和同伴给予的支持和帮助要相应地有所减少，这样才能给学生的独立探索创造更大的空间，加强学生独立思考和解决问题的能力，以便在学习目标达成后拆除支架。因此，在这个环节中，教师不再提供大量的分析和范例，而是鼓励学生自己思考，提出问题、分析问题并寻找解决问题的答案，适当为学生提供一些线索和提示。学生尝试自问自答并且自己解决问题，在这个过程中对自己的活动进行调节和修正。学生在之前所学知识的基础上，独立完成作业，解决了现有发展区的问题，过渡到潜在发展水平后，便将支架拆除。只有这样才能促进学生进步，培养学生独立解决问题的能力。

（四）英语阅读和习作教学的改进策略

1. 阅读的策略分析

教师可以使用一些认知方法来有效提高学生的阅读理解能力，这些认知方法包括结合图式理论、激活学生的背景知识、促使学生掌握阅读推论、结合元认知策略进行教学。

（1）结合图式理论

图式理论是指人通过现存知识对新信息的吸收和对已存信息生成回忆。图式理论是现代认知心理学的主要研究目标之一，尽管不同研究者对图式理论的解释存在一定的差异，但一般来说图式理论包含以下几点：图式可以在大范围内使用，其目的是帮助理解阅读过程中新接收到的信息；图式以一定的主题形式存在于人脑中；图式包含不同的"狭槽"，这些位置被阅读材料中的信息充满；图式被认为是读者综合的知识结构，它能够对新接收的信息进行选择处理，整合成有意义的框架结构。

读者阅读一个故事或听一个故事时，会期待故事有个结构。例如，在读到或听到故事的开头时，会期待故事有个结尾。年龄小的读者可能缺少合适的图式来理解故事，因此在阅读过程中要学习如何用新的信息填充大脑中的图式。为了用新的信息填充大脑中的图式，读者需要掌握下列阅读技能：定位具体信息在阅读材料中的位置、识别阅读材料的中心意思、识别事件发生的顺序、得出结论、理解因果关系、理解单词在文中的意思、解释阅读内容、通过阅读材料进行推论。学习掌握这些技能对提高阅读效果至关重要。为了掌握这些阅读技能，读者在阅读过程中可以使用内容知识、策略知识和元认知知识。内容知识指与阅读材料主题领域有联系的知识，又叫"事先知识"或"先验知识"；策略知识指为了更有效地学习所收集的各种学习步骤和方法；元认知知识指读者对自身认知过程的意识，如是否成功完成了任务。

（2）激活学生的背景知识

①背景知识的含义

读者的背景知识影响他们的阅读理解能力。背景知识包括读者的生活经验、教育经历、对阅读材料内容知识的了解程度、第一语言能力、第二语言水平、文化背景知识等。在阅读范围内，读者的背景知识又叫"图式知识"。阅读前的准备活动激发出读者相关的背景知识，对阅读效率的提高具有很大益处，读者的背景知识被激活，对阅读理解策略的运用也会起到积极作用。相反，如果读者与主题相关的背景知识没有被激活，在某种程度上就会降低阅读理解的效率。

读者事先已有的关于阅读主题的背景知识会影响他们对阅读材料内容的记忆。背景知识在阅读中的作用，在不同阅读条件下会有所不同。例如，阅读前告诉读者阅读材料的题目，对他们的阅读理解会有很大帮助。如果读者阅读前就知道了阅读材料题目，他们会回忆与阅读主题相关的信息，从而能够充分利用他们的背景知识，对阅读效果起到促进作用。背景知识能够帮助读者在阅读过程中得出有用的推论，而不是仅仅记住阅读材料的内容。

②背景知识的使用

由于读者在阅读过程中会利用背景知识理解阅读内容，教师在阅读教学过程中要善于帮助学生利用他们已有的知识，促进他们阅读效果的提高。教师要尽量选取适合学生阅读水平和能够引起学生兴趣的阅读材料，特别是对于初学阅读者来说，阅读材料的选取不易太难。阅读应该与其他学习领域结合起来，教师在阅读教学前可以开展课堂讨论活动，提供学生阅读理解文章所需要的背景知识，这样的课堂活动可以帮助学生把一篇不熟悉的阅读材料转化成一篇相对熟悉的阅读材料。

③不同水平读者阅读过程中的差异

研究阅读过程发现，熟练的阅读者懂得从宏观结构来理解阅读材料，他们懂得如何对一篇阅读材料进行大意分析，如何把一篇阅读材料分成不同的大意，这些大意如何构建成一篇完整的阅读材料。阅读能力较强的读者对阅读材料的结构意识更强；相反，阅读能力较弱的读者对阅读材料的结构意识相对较弱。阅读能力强的读者能够区分出阅读材料中哪些是重要信息、哪些是不重要的信息，他们会对重要信息给予更多注意力，对于不重要信息给予较少注意力；阅读能力较差的读者对重要信息和不重要信息的区分能力较差，在注意力分配上也不够合理。对阅读材料的结构意识可以通过识别和注意与阅读材料主题相关信息的能力反映出来。

④阅读材料的顶层结构

在阅读过程中读者是否使用了阅读材料的顶层结构，即阅读材料主要题目的大纲结构，研究者对这一问题进行了研究，设计了一个顶层大纲结构，看读者在回忆起阅读材料次要意思之前，是否回忆起了阅读材料的主要意思，以此检测读者是否使用了顶层大纲结构。成熟的阅读者对顶层大纲结构更加敏感，他们在回忆次要意思之前更多地是回忆阅读材料的主要意思。在阅读教学过程中，教师要培训学生首先从宏观角度理解阅读材料，理解阅读材料的大意，即主要意思，在这基础之上再进一步理解阅读材料的次要意思和细节。

熟练的阅读者对顶层大纲结构更加敏感，阅读过程中他们会更加注意阅读材料的主题句。如果让熟练的读者在电脑屏幕上阅读一个段落，开始给出段落的第一个句子，且每次只给出这个段落的一个句子，只有读完给出的句子之后，才能给出下一个句子，然后继续阅读。之后就会发现，熟练的读者会花费更多时间阅读每个段落的第一个句子，在随后的句子上花费的时间较少。读者在每个段落的第一个句子上花费更多时间，目的是为下面的阅读打下基础，从而在大脑中构建一个结构，这是关于阅读材料所有段落的结构。

⑤激活背景知识的方法

为了有效激活读者的背景知识以促进阅读理解效果的提升，可以采用下面的一些方法。首先，通过读前讨论可以知道读者对阅读材料主题的了解程度，在讨论开始前，教师可以根据阅读主题设计一些问题，让学生进行讨论。教师设计的问题应该具有一定的挑战性和引导性，通过讨论激活学生对某一主题的背景知识。其次，教师在帮助学生激活背景知识的过程中，可以同时让学生讨论阅读材料的篇章结构特点，如阅读材料中出现的一些转换词和转折词，以此来确定读者背景知识中是否出现过类似结构的阅读内容。最后，教师还可以通过头脑风暴活动来激活学生的背景知识。例如，教师可以给出阅读材料中的关键词或主要观点，然后让学生生成更多相关词汇或类似观点，这种语义图式可以让学生将他们已有的想法和观点与将要阅读的内容联系起来，从而达到在阅读前建立背景知识的目的。

由于不同体裁的文章具有不同的结构，因此激活阅读材料结构的背景知识同样可以促进阅读理解。例如，在阅读一篇原因—结果结构的文章时，读者知道原因—结果这种体裁文章的基本结构，就会对他们的阅读理解起到促进作用。同样，如果懂得一篇议论文的基本结构，读者在阅读类似文章时就会更有效率。如果读者想要对阅读内容有所预测，他们可以通过阅读验证假设，读者在阅读开始前可以提出假设，阅读任务完成之后对假设内容进行验证，以此来检验阅读效果。

⑥背景知识激活策略的监控

读者还要学习掌握对背景知识激活策略的监控技能。学生需要了解为了激活背景知识，他们做了什么事情，也就是做了哪些工作去激活背景知识。教师还可以和学生分享自己准备阅读课程的过程，这样的活动对学生学习掌握背景知识激活策略具有帮助作用。激活背景知识会影响到阅读理解的效果，因此教师在教学过程中要善于帮助学生激活背景知识，有效促进阅读理解效果的提升。

（3）促使学生掌握阅读推论

对于每篇阅读材料来说，作者都有一些没有完全说出的内容，这就需要读者通过阅读进行推论。实际上，对阅读材料的理解很大程度上取决于读者的推论，对阅读内容的推论包括对阅读材料主要观点的推论。好读者的特点之一就是善于对阅读材料的内容和作者的观点进行推论。

①阅读推论分类

对于读者来说，学习掌握推论技能可以提升阅读理解水平。假如对两组阅读水平相似的学生进行对比，一组接受阅读推论训练，另一组不接受阅读推论训练，训练的主要内容是回答阅读理解后的问题，对阅读内容的中心思想或主旨大意进行推论，推论训练的问题主要包括三种，分别是：问题的答案明晰地存在于阅读材料中；问题的答案含蓄地存在于阅读材料中；一些问题需要将读者的背景知识与阅读材料信息相结合才能做出回答。那么可以发现，培训提升了学生对阅读材料进行推论的能力，对学生阅读理解水平的提升起到了极大的促进作用。相反，没有经过培训的学生对阅读材料的推论能力明显不如经过培训的学生，阅读理解能力也比不上经过培训的学生。

②阅读推论培训

读者在阅读过程中发现阅读内容中有不一致或不连贯的问题时，会首先在大脑中产生意识，然后再以口头或书面形式表达出来。即使是很成熟的读者，在阅读过程中发现不一致或不连贯的阅读内容也不是一件很容易的事情，但教师可以向学生讲授如何发现阅读内容中存在的问题及不一致或不连贯的内容。假如对两组学生进行检测阅读内容中不一致、不连贯内容方面的培训，在培训过程中，两组学生阅读呈现在电脑屏幕上的十篇短文，其中五篇短文不存在问题，另外五篇短文存在不一致、不连贯的内容，培训内容是让学生发现五篇存在不一致、不连贯内容的短文。实验组学生首先进行预测，然后将所有短文阅读四遍，最后进行一遍后测；控制组只进行一次预测和一次后测。可以发现，实验组学生在检测不一致和不连贯内容方面的表现远远好于控制组，这说明培训对学生监控能力的提高具有很大的作用。

与识别阅读内容中不一致、不连贯能力紧密相关的是学生通过阅读获取知识的能力，也就是学生通过阅读能够从阅读材料获取的知识量。当学生开始进行阅读，他们就会一直阅读下去，直到他们认为已经掌握了阅读材料的内容。例如，在阅读考试中，如果学生的阅读量不够，他们就不能顺利完成阅读任务，如果阅读超过所需要的量，就会浪费大量时间，因此在阅读测试过程中，学生要合理分配时间用于不同的阅读任务。在阅读过程中，一些学生擅长对阅读内容进行判断，另一些学生则不擅长，因此对于大部分学生来说，学习掌握如何监控阅读过程非常必要，只有正确的阅读理解才能对阅读内容得出正确的判断。

推论的另一项技能培训就是精细提问，所谓"精细提问"，就是让读者读文章中的一句话，然后针对这句话进行提问，重点是这句话和文章主题之间的关系。精细提问通过激发读者对正在阅读的内容进行推论，来促进读者对阅读内容的理解。

③成熟读者的阅读推论

成熟读者在阅读过程中经常对自己的阅读理解内容进行提问,思考如何使用阅读过程中发现的信息,确定信息是否与主题关系密切等。自我提问并对提出的问题进行回答,对提高阅读效果具有促进作用。与阅读后对阅读内容进行归纳总结相比,读者在阅读过程中使用自我提问这种方法时不会对阅读内容进行更多回忆。通过进行系统性的推论培训,学生的阅读理解水平可以得到明显提高。作为一项综合阅读理解策略,自我提问还能扩展学生在阅读过程中的思维。

成熟读者和不成熟读者的另一个不同之处,是成熟读者知道如何对自己的阅读过程进行监控,什么时候聚焦于阅读,什么时候对阅读内容进行理解。此外,成熟读者还知道如何控制自己的阅读,如何将相关阅读策略应用到阅读过程之中。他们会在阅读过程中监控阅读的质量和理解程度,并懂得在这个过程中应该做什么,而这正是阅读监控的主要内容。阅读过程中的监控内容是元认知的一个方面,即认知知识和认知调节。阅读监控最经常使用的一个方法就是对错误进行检测,也就是读者对阅读内容中不一致和不连贯的内容进行检测。

④阅读推论培训的意义

对于三种不同类型的问题,相关研究者首先培训教师如何对学生进行指导,然后再让教师对学生进行培训,结果显示培训效果具有积极作用。对如何回答三种不同类型的问题进行培训,同时将其与反馈活动相结合,对学生阅读理解能力的提升具有明显的促进作用。

(4)结合元认知策略进行教学

①元认知教学理念

元认知理论虽然属于心理学理论的范畴,但是它在教学领域有着积极的应用价值。在大学英语教学改革中,元认知理论就起到了重要作用。本书简述了元认知理论的内涵,就如何在元认知策略下提高学生的英语阅读能力做出了思考和研究,希望能对大学英语教学有所启示。

元认知理论中的"元认知"指个体对自身认知必须具有的知识和调控能力,个体的思维能力、知识层次和控制能力都要建立在元认知基础之上。在英语教学中培养学生的元认知能力,可以提高学生的学习能力,增进学生的心理健康。所以,在大学英语教学改革中,元认知理论和对学生元认知能力的培养也受到了广泛关注。

在教学领域,元认知理论在实施中主要涵盖两方面的内容:一是对受教者认知能力、认知策略的培养;二是做好受教者认识过程控制与调节。从学习和发展的角度来讲，个体只有明确所学知识的内容和性质、自身的缺陷和优势，才能知道如何支配知识、如何有效解决问题、如何达到预定目标。在英语学习中，元认知教学的重点是开展学习者自觉、能动的认知活动，促使学生在其中进行自我认识和自我反省，对学习活动进行监控和评价，最终提高学生的自我管理能力，使学生在学习中有自我规范的意识。阅读教学是大学英语教学的重点和难点。在元认知理论指导下，借助阅读内容、学习活动让学生对学习环境、学习任务和任务进展有一个全面的认识和了解，同时对学生的学习过程进行有效监督和引导，可以帮助学生改正错误，提高学生的自我管理能力，为学生持续学习、终身学习打好基础。

②元认知理念与大学英语阅读教学的内在联系

英语阅读是一个较为复杂的认知过程，读者与阅读文本之间存在相互作用的关系。结合"元认知"策略与大学英语阅读教学特点分析，"元认知"理念与大学英语阅读教学的内在联系，主要体现在以下三方面。

第一，将"元认知"理念应用在大学英语阅读教学中，可以有效培养学生"元认知"策略意识。作为认知主体，学生合理运用元认知知识，可以对阅读内容进行正确认知、理解和总结。同时，有效的英语阅读教学需要学生具有明确的阅读目的，并能够对阅读内容中的重要内容进行识别，从而帮助学生提取和记忆重要阅读内容，有利于培养和提升学生的阅读能力。

第二，随着信息科学技术的应用，大学英语阅读教学方式愈加多样化，英语阅读的途径愈加丰富。具体来看，大学英语阅读教学主要有三种，分别为网络英语阅读、英语课文阅读和课外英语读物阅读。但无论是哪一种阅读方式，为达到阅读目的，都需要读者了解并掌握阅读策略。阅读策略的应用需要根据阅读目标和阅读内容进行选择，促使学生可以在阅读过程中有所收获。

第三，在英语阅读过程中，读者需要对自身阅读活动进行支配，以阅读目的为核心，针对阅读内容调整阅读策略，合理安排阅读时间，控制学习进度。面对不同形式的阅读内容，读者要对阅读目标、阅读效果和阅读策略等进行明确，并在阅读过程中进行控制，避免复杂的阅读资源对自身阅读造成不利影响。将"元认知"理念融入阅读教学中，可以培养和提升学生监控与自我调节的能力，在提高学生阅读效率与质量的基础上，帮助学生更好地实现阅读目标。

③英语阅读元认知教学策略

学生元认知能力提高与阅读环境有着密切的关联。进一步来说，元认知能力就是建立在一定的元认知知识和体验的基础上的。在教学中，教师只有创新教学手段，强化学生的元认知体验，才能让学生认识阅读环境中各种影响元认知过程的因素，使学生感受到元认知体验积极的一面，激发学生的学习热情，提高学生的学习效率。所以，在大学英语阅读教学中，教师要从学生的角度出发，创设有利于学生元认知能力发展的阅读环境，以发掘学生的自主性，使学生的心理状态朝着达成目标的方向发展。例如，在学习"You go your way, I will go mine."一课时，我们知道，这篇文章讲述了年轻的邮差给一位富人送电报的故事。在课文中，救人的细节及心理活动占了很大的篇幅，对白也占了很大的篇幅，并且许多对白都没有出现生词、难懂的词。结合课文内容，将之改编成课堂剧，让学生进行课堂表演，最适合不过了。因此，教师可以将学生分成两组，让每组在小组长的带领下设计剧本、舞台、造型和表现心理活动的对话，进行课堂剧表演。这样，学生在了解学习任务的情况下，可以就如何运用、支配知识解决问题有一个深刻的认识，并且在小组合作学习中，学生还可以取长补短，提高对自身的认识。这对学生的元认知能力发展来说，是极其有益的。

在元认知策略教学中，提高学生的元认知意识，培养学生的自主管理、调控能力，是非常重要的。元认知理论内容持续发展的同时，可以显著提升整体课程教育的效率。在元认知策略教学期间，慕课一方面可以打破课堂准入管理需求，让学生根据自身的实际情况选择最佳的课堂教学资源，提高整体教学质量；另一方面可以更好地提升教学的针对性与全面性，让学生根据自己的学习情况做好相应的知识内容选择及优化，可以为学生提供一个更加丰富的信息化资源库，让学生既可以通过在资源库当中收集相应的资料而学习电子技术课程相关内容，同时又可以根据慕课的指导完成模拟电子技术课程的操作任务，从而促使学生的实践性能力及理论性知识熟练度得到有效提高。另外，在具体的元认知策略教学中，教师可以采取项目化的方式引入慕课，促使学生以一个团体为单位完成项目的慕课学习任务，借助真实或仿真项目的操作提高学生的实践能力。

在模拟电子技术课程教学过程中，应当及时引入多元化的考核模式，特别是在考核中降低对终结性考核的重视度，适当地引入独立性思考与协同性操作、创造能力培养等多方面的考核内容，同时针对学生的思维能力、理念掌握情况及行为习惯等多方面因素进行针对性考核，而不是采取片面性的考核模式。在教学期间，教师可以应用慕课作为基础性的考核模式，在平常学习中应用慕课的方式发放相应的学习资料并附带相应的考核题目，实现对学生学习成绩的考核，采用平时成绩与最终考试成绩相结合的考核方案，从而提高阅读的针对性与实效性。

2. 写作学习策略
（1）认真做好写作过程的阶段任务
①写作准备阶段

写作前的准备阶段是一项需要花费时间进行的活动，在整个写作过程中占据了一半或一半以上的时间。写作过程的停顿经常发生在写作者用于表达不同意思的句子撰写之间，这些停顿是写作者能够完成一个句子的撰写或表达一个意思所需要的准备时间。然而，不成熟写作者在写作准备阶段与成熟写作者存在明显差别。因此，教师在写作教学过程中要向学生讲授写作前如何激活相关信息、评价信息及对信息进行整理安排，以确定激活的相关信息是否符合整个写作任务的需要。

鉴于低水平写作者在写作准备阶段往往不注重从长时记忆中激活相关信息、对相关信息进行评价和整理，教师在写作教学过程中要向学生强调这些准备工作的重要性。对写作过程的研究显示，写作者如果在写作过程开始前不进行充分的准备工作，就需要在转码表达过程中停顿下来，以激活信息、评价信息和整理信息，否则写作过程就不能够顺利进行下去。如果写作者在写作过程中既要进行转码表达，又要进行激活信息、评价信息和整理信息这些准备工作，那么写作质量就难以保证，就很难写出一篇高质量的文章。因此，在写作开始之前，学生必须花费一定时间从长时记忆中激活相关信息，并评价和整理相关信息，学习从全局角度思考写作任务，以确保写作的质量。

我们可以将学生分为4组：第一组学生不做写作准备活动，即写作前不要求学生从长时记忆中激活相关信息；第二组学生要求进行写作准备工作，准备范围仅仅局限于激活尽可能多的信息，但不对这些信息进行评价和整理；第三组学生除激活相关信息外，还要对这些信息进行评价；第四组学生在写作准备阶段需要从长时记忆中激活相关信息，列出一个详细的包含相关信息的写作提纲，准备过程涉及激活信息、评价信息和整理信息。在所有学生完成写作任务之后，对他们写作进行评价的结果显示，写作前没有进行任何准备活动的第一组学生和仅仅激活相关信息的第二组学生的写作质量较差，第三组和第四组学生的写作质量明显高于第一组和第二组学生的写作质量。造成这种情况的原因在于，第一组和第二组学生在写作过程中不但要进行转码表达，还要随时进行写作准备，从长时记忆中激活信息，并通过工作记忆对这些信息进行评价和整理，准备工作与转码表达之间相互影响，从而降低了写作质量。相反，写作前已经完成准备工作的这两组学生，在写作过程中可以集中精力聚焦于转码表达，因此能够产生高质量的写作成果。

教师在写作教学过程中要培养学生进行写作准备的能力。学生要学习如何激活与写作主题相关的信息，如何从相关写作材料中搜寻信息，以及如何记录信息。为了更好地让学生实践如何进行写作准备，首先，教师应安排一些学生熟悉的主题开始写作练习，因为熟悉的主题能让学生从长时记忆中激活更多的相关信息；其次，教师可以给出规定的写作主题，让学生进行写作准备，帮助学生一起分析他们激活的信息是否与写作任务目标一致；最后，教师可以讲授如何对激活的相关信息进行整理安排，以便有效监控写作过程。

②写作表达阶段

经过写作准备阶段之后，写作就进入了下一阶段，即写作的表达过程。这个过程涉及将写作准备阶段的内容以文本形式进行表达。换句话说，写作者在完成了写作准备过程之后，就要将准备阶段的内容逐步以文字形式表达出来，写作者首先完成一部分的表达，然后检查下一部分的准备内容，一直到将写作准备内容全部表达出来。在这个过程中，写作者每次表达的部分可以是一个词组，也可以是一个简单的句子，或者是一个复杂的句子，也可以是一个完整的意思或一个段落的表达。

对于成熟写作者来说，写作技巧的使用在一定程度上会影响他们写作成果的质量，因此写作过程中必须注重对写作技巧的掌握。例如，让学生写一篇正式的商业信函，该商业信函的目的是说服教师在课堂上放映一部与课程内容相关的电影，或是进行一次与课堂内容相关的阅读讨论活动。教师要求学生在10分钟内写出初稿，并在休息5分钟之后再写出终稿。对于学生来说，是在初稿中就注意拼写、语法和其他写作技巧的正确性，以正确连贯的方式进行许多具有说服力的表达，一次性完成一篇高质量终稿的写作；还是在初稿中聚焦于从长时记忆中尽可能地激活与写作主题相关的信息，然后对结构、句子信息、语法和写作技巧进行修改，经过修改之后完成一篇终稿，需要根据自己的写作水平来确定。

对于这一问题，我们可以将学生分为实验组和控制组，要求实验组学生在初稿写作过程中注意写作内容、顺序、句子信息和写作技巧，对初稿进行简单修改后直接完成终稿。对照组学生则首先写出初稿，初稿写作主要聚集于写作内容，完成后从写作结构、句子信息、语法和写作技巧等方面对初稿进行修改，然后形成终稿。可以发现，与实验组学生相比，对照组学生经过修改后的终稿说服性的观点和句子更多，句子中存在的拼写、语法和写作技巧错误更少。在随后进行的研究中显示，与低水平语言能力写作者相比较而言，这种写作模式在达到平均语言能力水平的写作者的写作中体现得更加明显。这就说明，在达到平均语言能力水平及以上的写作者的写作过程中，如果强迫他们直接完成初稿，而不是首先聚焦于写作内容，然后再对写作内容结构、语法、句子信息和写作技巧进行修改，他们的写作质量就会受到一定程度的影响。显然，写作者在写作过程中聚焦的重点不同，会影响他们对相关写作信息的整理安排。从宏观角度看，如果不花费一定时间进行写作计划安排，初稿在整体内容和结构上就会存在不足之处。

③写作内容的修改编辑

写作过程的第三个主要阶段就是修改编辑，这个过程是从写作文本中发现错误，然后对这些错误进行修改。为此，教师一定要做好诊断式修改指导。

（2）做好对于写作教学的指导和诊断

①消除写作过程的限制因素

写作过程中存在诸多限制因素，因此要尽量消除影响写作效果的限制因素。对于初学写作者来说，写作过程中的转码表达还没有达到自动化程度，消除写作过程中的限制因素的办法是忽视这些限制因素。初学写作者在写作过程中往往会忽视拼写、标点符号和语法等写作的基本规则，如果教师在写作过程中过多强调这些因素，会影响他们的写作效果。对于他们来说，写作过程中还不具备将写作内容知识进行转化的能力，他们的写作过程只能聚焦于对写作内容知识的陈述。教师和家长不能过于期待初学写作者具有对内容知识转化的能力，不能用自己的写作标准来评价他们的写作成果。除此之外，研究还显示，初学写作者写作过程中出现一些拼写错误并不会影响他们对整体写作任务的表达。

在大部分学校的写作教学过程中，教师过分强调表达方式和句法问题。对于学生来说，他们在拼写、语法和写作技巧上还没有达到自动化程度，他们会聚焦于对写作内容的正确陈述，因此很难要求他们对整体写作内容进行事先计划安排。一些学生处理与写作主题相关信息的能力非常有限，写作过程中句法表达还没有达到自动化程度，对句法表达的过分强调会影响到写作的整体质量。写作过程中的拼写、标点符号和写作技巧属于写作的低水平层面，过分强调这些内容会影响到写作高水平层面的计划。

②重视中西文化的差异，选择合适的教学方法

在英语教学中，教学效率会受到教学方法、教学环境和教学模式的影响。其中，科学的教学模式，有利于调动学生学习英语的积极性，促使教学资源的作用充分发挥，取得"1+1＞2"的效果。此外，大学英语写作教学还要考虑中西方

文化之间的差异，主要表现在以下方面：第一，在不同语境下，不同语言的使用存在差别，比如在中文语境下，老鼠可以代表胆小，但在英语语境下，小鸡可以代表胆小；第二，中国的母语是汉语，而英语属于第二语言，因此学生在学习过程中可能会产生抵触情绪，并且在实际运用过程中还会受到汉语体系的影响，导致英语写作不可避免地流露出汉语色彩。

③制订相应措施，分析英语教学问题

诊断式教学作为英语教学模式的重要组成部分，对英语教学而言具有十分重要的意义。事实上，教师审阅学生英语作文的过程，就属于教学诊断，但这种诊断的层次较低，与深层诊断相距甚远。在英语写作过程中，部分学生会将教师意见作为依据，对写作进行修正，但缺少明确的修改目的。因此，学生的英语水平也很难提升。针对此类现象，教师应该在诊断式教学模式下，以思想和行动为切入点，促使学生重视英语写作，并增加写作教学所占的比重。在教学方式上也要有效控制任务量，为教学精确性提供保障，促进学生英语写作能力提升。比如，部分学生写作中的连贯性语句较少，因此，在写作教学过程中，教师将带有连贯性词汇的语句作为重点教学内容，让学生在学习这些语句的同时，对句子间的逻辑关系进行理解，并掌握平行结构技巧，灵活运用过渡词汇，增强整篇文章的连贯性。

④确定教学目标，实施诊断

保证诊断模式在大学英语写作教学各阶段都适用，并在此基础上完善和优化教学体系，是诊断式验证的主要目的。在传统教学模式下，大学英语写作教学重点主要包括词汇量、阅读量和语法，忽视了写作训练的重要性，教学质量也因此而受到影响。建议教师在实施诊断式教学之前，对教学目标进行明确，并制订与目标相匹配的教学策略，以确保教学目标的实现，并更好地掌握全局。在写作诊断中，教师还要重视学生之间的个体差异，使学生真正认识到自身存在的问题，在分析问题成因后解决问题。

⑤构建诊断系统，提高写作效率

首先，教师需要在巴班斯基理论的指导下构建诊断系统，借助该系统分析和安排教学要素和相关流程。与此同时，还要基于教学目标，开展句子诊断教学，以促进学生整体写作能力的发展，并引导其掌握与段落存在关联的写作模式，积累写作方法。在文章主题把握上，学生需要和教师共同讨论，通过反思和感悟，促进自身写作和表达能力的提升。

其次，诊断教学管理。诊断教学管理由三个方面组成，分别为交际策略、结果和过程。站在教师的角度而言，应加强对写作全环节的管理，通过有效的管理培养学生的写作能力。

最后，应用诊断教学。诊断教学模式的应用，可以分析问题的成因，其组成部分包括问题调查、问题分析、初步诊断和验证纠偏。在问题调查阶段，教师可以将教学主题作为切入点，考察学情，并分析教学活动特点。比如：教师提出了问题："Why it is unwise to make conclusions upon seeing or hearing something?"（为什么在看到或听到什么事情时得出结论是不明智的？）在教师提出问题后，学生的回答主要包括两种：第一种是"I think practice is very important."（我认为练习很重要）；第二种是："I place a high value on the importance of practice."（我高度重视实践的重要性）。教师在诊断后发现，得出第一种答案的学生英语水平一般，而得到第二种答案的学生，英语水平较高。具体诊断步骤如下：教师在教学过程中应进行初步诊断，在审阅学生的英语作业后进行批改，然后向学生发送审批结果。在教学诊断阶段，教师还要延长写作教学时间，在诊断过程中批注作业中的语法和语言错误，如拼写、标点等，要求学生将教师意见作为依据及时修改。针对英语水平较高的学生，教师应加强诊断力度，诊断句子结构、词汇应用和行文逻辑等，并在教学期间朗读优秀文章，以此来调动学生的学习积极性。

某教师在教学期间曾经给学生布置了多篇英语作文，下列语句就是学生英语作文中出现错误的代表语句。

语句1：She told my sister that she was wrong.（她告诉我姐姐她错了。）

语句2：In my opinion, I believe the free medical system is in need of reform.（在我看来，我认为自由医疗制度需要改革。）

语句3：Many visitors who visit our cityhave the impression that there are few trees in the street.（许多参观我们城市的游客觉得在街上树很少。）

语句4：Traffic is a serious problem, one of the reasons is that Shanghai has over ten million people.（交通是一个严重的问题，其中一个原因是上海有超过一千万的人口。）

语句5：My level of English has thus been improved.（因此，我的英语水平就这样提高了。）

语句6：Nowadays young people who seek to go abroad are becoming more and more.（现在，想出国的年轻人正变得越来越多。）

语句1诊断结果：句子连贯性不足，具体表现为代词she出现的次数为两次，第二个she可以在代指第一个she的同时，代指my sister，因此第二个代词she的问题为指代模糊。针对问题，建议修改为 "She said to my sister, You are wrong."

语句句子 2 和 3 的诊断结果：教师在诊断后发现句子的简洁性不足，在语句 2 中，in my opinion 和短语 I believe 具有相同的意思，保留其中一个即可；语句 3 中，visitor 和 who visit 的意思相同，应删除 who visit，将 of 加到 visitors 后面。语句 4、5、6 的诊断结果：在语句 4 中，应该将句型替换为 There be 句型；在语句 5 中，level 属于多余词语，可以将 level of 去掉；在语句 6 中，需要将 more and more 挪到 young people 之前，同时去掉 who 和 are becoming。

⑥注重对于写作内容的修改编辑研究

第一，注意修改编辑花费的时间。对写作内容进行研究发现，写作者在完成写作任务后很少对写作内容进行修改编辑，特别是成年人在写作过程中更是疏于修改编辑。学生在进行课堂听写任务时，一般情况下他们不会花费超过全部听写时间的 10% 进行错误检查或修改编辑。成年人在完成写作任务后，一般也很少花费时间进行修改编辑。可以发现，大学新生一般不会花费一定的时间对写作内容进行阅读和修改编辑，特别是相对简短和简单的写作任务。

第二，引导学生注意修改编辑的内容。学生在写作任务完成之后，对写作内容仅是进行表面修改，他们对修改编辑的理解局限于校对，因此修改编辑过程常常只是对拼写或语法进行一般核对。进一步的研究显示，教师很少让学生对完成的写作文本进行修改，而如果教师让学生对完成的写作文本进行深入修改，一般情况下他们的写作内容都会得到一定程度的提高。对大学生修改编辑进行研究可以发现，让学生对自己的写作文本和其他人的写作文本进行修改，两种写作文本都存在诸如主谓不一致或动词时态不一致等语法错误，同时存在代词指代不清楚和先行词不清楚等问题。研究发现，学生在修改效果上存在差异，与修改自己的写作文本相比，学生更容易检查出其他人写作文本中存在的语法和指代错误；而相对于自己写作文本中的指代错误，学生更容易检查出语法错误。同时，学生在修改编辑过程中不但难以发现写作文本中的指代错误，对文本中指代不清的修改也存在困难。

第三，注意修改编辑的个体差异。不同年龄的学生和不同水平的学生在修改编辑过程中存在差异。我们可以对学生进行修改编辑研究，每个年级学生的写作水平都被分为高于平均写作水平和低于平均写作水平两组，给予每个学生八段已经完成的写作任务进行修改。可以发现，高于平均写作水平的学生所发现的写作错误超过低于平均写作水平学生的两倍，年龄大的学生所改正的错误超过年龄小的学生两倍。但所有的学生对段落中指代错误的修改都不到全部指代错误的一半。

每个年级中高于平均写作水平和低于平均写作水平的学生所使用的修改策略也存在差别，高于平均写作水平的学生倾向于使用描述性信息来解释段落中出现的指代错误，或者是直接用名称代替指代错误；相反，低于平均写作水平的学生使用非确定的引用，或者是仅对指代不清之处增加描述性信息。进一步的研究显示，高于平均写作水平的学生和低于平均写作水平的学生在修改编辑数量和质量上都存在差异。高于平均写作水平的学生会比低于平均写作水平的学生花费更多时间进行修改，因而他们修改编辑错误的数量也更多。写作水平越高的写作者，在修改编辑过程中花费的时间越多，修改编辑的错误数量也越多。

除了对拼写、语法和指代不清的修改存在差异，不同年龄和不同水平的学生在段落意思错误修改过程中也存在差异。相较于不熟悉的写作主题，学生对比较熟悉的主题的修改效果更成功，尤其是当写作内容在意思表达上出现错误时。低年龄段学生更注重对拼写、语法、标点符号和写作技巧等方面的错误进行修改，他们往往忽视对写作意思表达上出现的错误进行修改。高年级学生在对写作内容进行修改编辑过程中则不但会修改拼写、语法、标点符号和写作技巧上存在的错误，而且也会注意修改写作内容在意思表达上存在的错误。

第四，注意修改编辑的步骤。修改编辑是写作的一个重要阶段，教师在写作教学过程的修改编辑阶段要让学生注意以下内容：首先，很多学生在完成写作任务后往往忽视修改编辑过程，因此教师一定要向学生强调修改编辑过程的重要性；其次，在学生养成对写作内容进行修改编辑的习惯之后，教师要向学生讲授修改过程中应该注意的内容，除检查拼写、语法、标点符号和写作技巧上存在的错误外，还要注意对写作意思表达上存在的错误进行检查；最后，检查出错误之后一定要进行修改，这是修改编辑的一个重要步骤，只有这样才能真正地提高学生的修改编辑能力。

第五，注意修改编辑的培训。除了要鼓励学生对写作任务进行修改编辑，教师还要向学生讲授一些具体的修改编辑方法和策略。教师可以设计一个修改编辑问题检查表，用来指导学生对写作任务进行修改编辑。如果学生在多次实践过程中能够将修改编辑内容内化于心，对写作内容修改编辑达到自动化程度，那么他们的修改编辑水平就会达到一个较高的水平。我们对学生进行了修改编辑培训实验：让实验组接受13次修改编辑培训，每次培训时长为45分钟；对照组学生花费同样时间只是阅读好的写作文章，不对他们进行修改编辑培训。教师对实验组进行修改编辑培训的内容包括如何对写作内容进行添加和删除、替换和重新排序，教师在第一次培训课上首先明确了修改的目标进程及如何增加写作内容，给予学生范文进行练习。第二次课上,教师给予学生修改编辑的具体操作步骤,让学生两人一组对给出的范文进行修改。第三次课上,教师让学生单独修改一篇给定的范文和一篇他们自己的写作内容。这样的活动在课堂教学中重复进行4次,一共可以进行12次。在最后一次培训课上,也就是第13次课上,教师可以让学生自己完成一篇写作任务,先让他们在初稿上标记出需要修改编辑的内容,然后进行修改编辑,最后提交一篇修改编辑好的终稿。通过实验发现,对学生进行修改编辑培训效果明显。实验组学生在每百个单词长度上能进行良好的修改编辑,对照组在同样长度的写作任务上只能完成较少的修改编辑。同时,实验组会对写作内容进行更多的添加和删除工作,以及更多的替换和重新排序。这也表明,对学生进行修改编辑培训效果显著,对写作效果具有积极的影响。

⑦帮助学生建立有效写作方式

我们可以知道,英语写作认知过程涉及写作计划准备、写作认知过程中的转码表达及写作任务完成后的修改编辑这几个步骤。教师在写作教学过程中如何将这些信息融合在一起,以便建立一个有效的写作程序,具有重要意义。为了建立一个有效的写作程序,可以先确立三种通用方法,这三种方法被认为是建立有效写作程序的有效方法,分别是自然写作模式、表象写作模式和环境写作模式。

第一,自然写作模式。在这种写作模式中,学生在写作活动中占据主导地位,写作速度、写作反馈、什么时间需要帮助、是需要教师帮助还是需要同学帮助,都由写作者本人支配和主导。教师在学生的写作过程中处于次要地位,基本不会给予学生任何指导和建议,这种写作模式与纯粹的教学发现法基本相同。

第二,表象写作模式。在表象写作模式中,教师占据主导地位。教师运用传统教学方法,向学生讲授如何进行写作、如何确定写作主题,对学生的写作内容进行大范围广泛修正。在这种写作模式中,教师要给予大量指导,与传统规则教学方法相似。

第三,环境写作模式。在环境写作模式中,学生和教师共同探讨写作目标,确定写作内容和写作过程。在表象写作模式中,教师向学生讲授如何进行写作。与表象写作模式不同,在环境写作模式中,教师不会向全班同学讲授如何进行写作,而只是与同小组同学一起探讨具体写作项目,帮助学生选择确定具体的写作观点,预测可能出现的反方观点,从可以得到的数据中获取合适的写作信息和证据。在这种写作模式中,教师不会让学生自己主导写作过程,而是让学生在教师指导下,以写作小组为单位进行写作,写作内容必须围绕写作前教师与学生探讨的内容进行。写作过程中教师会给予学生中等程度的指导,这种写作模式与教学指导发现法相似。

对于不同的写作方式，教学内容上存在差异。以下是写作教学过程中一些主要的写作程序。

一是语法程序。教师在写作教学过程中强调语法的重要性，注重语法和语言知识的运用能力，如对词类和词性的掌握与使用及短语句的使用等。教师在修改学生作文的过程中，对学生写作过程中的每一个语法错误都要进行标注。

二是模型程序。教师在写作教学过程中提供给学生一些范文作为写作模型，让学生仔细研究这些范文，发现这些范文写作的优点，并让学生按照这些范文的模式进行写作。

三是自然写作程序。自然写作程序建立在自然写作模式的基础之上，写作过程与自然写作模式相同，整个写作过程中写作者占据主导地位，教师基本不会干涉学生的写作过程。

四是句子组合程序。这种写作程序中，学生在自己的写作过程中会尽量写出一些复杂的句子，而这些复杂句子的写作是以简单句子为基础的。写作过程中，学生首先要写出简单句子，然后对这些简单句子进行组合，形成复杂句式。

五是写作清单检查程序。写作清单检查程序中，教师给予学生一系列问题或写作清单检查表，学生在完成写作任务后，按照这个写作清单检查表对写作成果逐一检查，检查写作任务中存在的问题，反复实践，直到学生能够将写作清单检查表内容内化于心。

六是讨论程序，在这一写作程序中，教师要求学生对他们的写作过程进行讨论，从中发现自己写作过程中存在的不足，逐步提高他们的写作技巧。例如，教师可以让学生找出他们写作过程中的不足，从细节之处进行描述和讨论，以便共同分享这些写作经验。

通过对以上这些写作程序进行研究不难发现，句子组合程序、写作清单检查程序和讨论程序对提高写作水平效果更为明显，这些写作程序能帮助学生获取相应的写作技能，特别是与作文写作直接相关的技能。模型程序和自然写作程序对学生写作水平的提高效果则不明显，因为这些写作程序的教学目标不清楚，由于教学目标不清，学生的写作目标也不清晰，因而写作质量不高，难以提高学生的写作水平。在所有写作程序中，语法程序写作效果最差，因为这种写作程序让学生和教师偏离了真正的写作过程和目标。写作过程中过分强调语法，事实上会降低写作质量。

由此我们可以建议教师在写作教学过程中，不应将单独的语法教学作为提高写作水平的手段，而应将语法教学融入写作教学，在学生写作过程中，结合学生写作的实际内容进行语法教学。很多人认为最有效的教学方法是自然写作模式，最有效的教学内容是自然写作程序。事实上，教师在写作教学过程中使用教学指导发现法，在学生写作过程中提供给他们一些相关的组合写作方法会取得更好的教学效果。

第二节　大学英语教师角色的变化

教育是国之根本，教育水平的高低在很大程度上取决于教师的质量。随着全球化的不断发展和教育改革的不断深化，社会对大学英语教师专业化程度的要求也越来越高。因此，提升大学英语教师的专业素质势在必行。本节以大学英语教师的专业素质提升为论述点，论述了大学英语教师的基本角色，分析了大学英语教师专业素质的结构，对大学英语教师角色转变的路径进行了探究，等等。

一、大学英语教师在教学中扮演的角色

受中国尊师重教文化传统的影响，教师长期被视为知识的播种者，在教学中的示范性特点尤为突出。

长久以来，教师在课堂上起到了讲授、示范和掌控课堂进程的作用。每堂课上，教师需要把每一个知识点进行详细讲解，让学生掌握基本的课堂内容；同时，教师需要带领学生一起朗读、书写、听讲、表达、翻译，在示范中进行教学活动；另外，教师还要把握整堂课程的进度，进行问答和说写，并且还要对学生的语言掌握程度和综合能力进行客观的评价。由此可见，在以往的英语教学中，教师是占据主导地位的，而且在课堂教学过程中，教师占用了大部分的时间来讲解知识点，留给学生讨论消化的时间很少甚至没有。

渐渐地，教师扮演传授者、示范者、控制者和评价者角色的传统英语教学模式暴露出了一定的弊端，教师角色过于单一、静态，无法有效地调动学生的学习兴趣和积极性。

不管如何，在大学英语教学中，大学英语教师扮演着多重角色。教师在教学中有着十分不容忽视的作用，我们需要从多个方面来认识教师的角色，以下本书对于教师的角色进行具体的分析，对大学英语教师承担的六种基本角色进行论述。

（一）引导者

在大学英语教学中，大学英语教师承担着传授专业英语语言知识的责任，此时他们扮演着引导者的角色。作为引导者，大学英语教师要具备英语理论知识、语境知识、实践知识等各种英语专业知识，这些知识涉及英语语言的形式结构、语音、词汇、语法、语篇、社会文化等多个方面。此外，大学英语教师还需了解语言材料、语言现象等相关知识。只有系统掌握了英语相关的各种知识，大学英语教师才能帮助学生解决英语语言学习中遇到的各种问题。语言知识的积累是提高语言技能的关键，无论大学英语教师采用何种教学策略，都需要掌握扎实的英语语言系统知识，并能够准确地理解和输出语言知识。

（二）培训者与合作者

在大学英语教学中，教师扮演着语言技能的培训者的角色。大学英语教育的目标是使学生具备一定的听、说、读、写、译能力。所以，大学英语教师要想真正扮演好语言技能培训者的角色，就必须具备扎实的语言技能，否则就无法驾驭英语课堂并熟练地组织语言教学活动，更不用说提高学生的语言技能了。

此外，大学英语教师在英语语言训练中还扮演着合作者的角色。教师在组织英语语言练习时，并非简单地布置完任务就结束了，他们还需要适时地引导学生参与到练习中，使学生顺利地学习知识，这样才能保证英语教学和学生学习取得良好的效果。

（三）语言环境创设者

语言环境对语言学习具有十分重要的影响，尤其是在缺乏真实语言环境的教学中更是如此。因此，大学英语教师可以通过创设真实的语言环境，使学生深入了解原汁原味的西方文化传统习俗，并自然接受西方优秀文化的感染和熏陶。相较于让学生死记硬背地学习英语词汇、句子，通过创设语言环境来学习英语的方式能够取得更好的效果。此外，语言环境的创设并不局限于英语课堂，教师还可以在课外活动中创设语言环境。

（四）语言教学研究者

除基本的教学工作外，大学英语教师还要花费一定的时间与精力研究英语教学。换句话说，大学英语教师还扮演着语言教学研究者的角色。为了不断提高英语教学的效果，大学英语教师需要掌握语言教学的性质、规律等相关理论知识，同时构建自己的教学理念，并将理念用于指导实践活动。所以，大学英语教师在教学实践中，必须深入研究英语教学的相关理论，将英语教学研究与课堂教学实践有机结合，实现从理论到实践的转变，再通过实践促进理论的升华。

（五）评价者

在大学英语教学中，教学评价是一个十分重要的环节。要想教学目标得以实现，就需要对大学英语教学进行客观全面的评价。教学评价不仅是教师获取教学反馈、提高教学质量、加强教学管理的重要依据，也是其通过调整学习策略来帮助学生改进学习方法的有效手段。

（六）现代技术应用者

如今，多媒体网络技术不断发展并得到广泛普及，已经渗透到了人类活动的方方面面。而现代技术的出现也对大学英语教师的素质提出了更高的要求。为满足当前教育的需求，大学英语教师要改变传统的教学理念和模式，利用多媒体网络技术，熟练掌握先进的教学手段与教学模式，使自己成为现代技术的应用者。具体来说，大学英语教师要想熟练掌握现代技术，需要做到以下六点。

1. 设计有效的主题教学模式

随着现代技术在大学英语教学中的广泛应用，教师要想提高学生的英语学习效率，就要充分利用多媒体网络技术，探索新的教学方法与教学模式。主题教学模式就是较为常用的一种教学模式。

教师在设计主题教学模式时，应以学生的兴趣点为话题，向学生提供一些常用的热点新闻网址，并下载一些具有前沿性的资料，然后以小组为单位，让学生对该主题进行分散讨论。在此期间，教师要对学生进行正确引导，尤其是对一些与国家尊严相关的话题，最后以主题写作的形式结束教学。当教师通过网络和学生开展讨论时，要对线上的资源和教学内容进行合理的安排。一般来说，讲评和讨论主要在线下课堂上进行，阅读和写作则可以在线上进行。在现代信息技术背景下，对于英语教学中设计的各种主题，皆能在线上找到丰富的资料，这些资料由学生自己进行整理汇总，并得出自己的结论，然后与其他学生展开讨论，将有利于减少课本对学生的束缚。

2. 建立在线学习系统

虽然多媒体网络技术在大学的广泛应用为学生学习英语提供了良好的条件，但教师的主要任务还是监督管理学生的学习并提供指导，因此建立一个完善的在线学习系统就是教师首先要做的事。

在线学习系统需包括教师端与学生端。其中，学生要先在学生端填写自己的个人信息，然后按照班级向教师提出申请，在教师对学生进行信息审核后，学生就可以加入系统中。按照系统导航的提示，学生可以找到相关资料并下载。之后，学生就可以通过电子邮件或师生论坛与教师或其他学生进行讨论，以及参与线上的其他交互活动。

由此可知，在线学习系统是课堂教学的延伸。大学英语教师可以通过系统的记录与处理，对学生的记录进行比较、综合，从而及时直观地了解学生英语学习的实际情况。

3. 设计单元任务

单元主题目标一般是根据单元任务而设计的。学生在探索真实任务、操练英语语言的过程中，不仅能够拓宽自己的知识面，而且还能够提升自己解决问题的能力。因此，语言单元训练任务是英语语言学习的重要项目，教师在设计单元任务时要重视学生基本技能的提升，学生则需在规定的时间内完成任务并提交，电脑则当场给出分数。学生通过这种方式完成任务，可减轻学习带来的压迫感与挫败感，从而愿意更加积极主动地参与到任务中。学生也可以根据自己英语语言的实际水平，从教师设计的单元任务中选取适合自己的任务，然后与教师、同学进行交流，最后通过网上作业的形式表达自己的观点。

4. 促进交互机制的实施

能够输入语言并不意味着已经掌握了一门语言，语言学习者还应能开展一定的交互活动。作为交互学习的促进者，大学英语教师要组织和指导学生积极参与到主题单元的交互活动中，并给予一定的意见。例如，教师可通过微信、QQ等聊天软件与学生针对某个主题进行平等的讨论与交流，并指导学生分析、解决问题。这些网络交互活动既可以是即时性的，也可以是延时性的。

5. 帮助学生利用网络学习

利用网络多媒体开展的大学英语教学有一个突出特点，就是其具有网络监控作用。通过网络监控学习，教师可以了解学生的学习过程，如教师根据学生浏览过的网页等记录，对学生参与活动的情况和学习中遇到的困难有所了解，此时教师就能根据学生的需要为其提供一定的帮助，帮助学生解决一些实际问题，尤其是对一些后进生来说，教师更是不可缺少的帮助者。

每个学生存在的问题各不相同，因此教师要针对不同的学生给予不同的指导与辅助，以最大限度地使每个学生都能得到相应的帮助，从而取得进步。总体来说，教师通过网络对学生学习进行帮助的方式更为人情化，不仅能够有效避免学生产生畏惧心理，还能迅速解决问题，这有利于提高学生自主学习的能力。

6. 收集和分析数据

目前信息技术已经发展到了大数据阶段。网络上出现了许多在线公开课程，而这些在线公开课程的出现使学生能够免费获取一些名校课程，在学习途径上有了更多的选择，这必然也会对大学英语教师提出更高的要求。

数字教育平台的构建使得各门课程的网络学习的内容与形式多种多样，网络信息库的资源被迅速挖掘出来，而通过对学生各种信息进行收集与挖掘，教师就能更快、更准确地把握学生的特征和学生学习的效果，然后有针对性地选择适合学生的学习方式和内容，从而真正做到因材施教。作为数据的挖掘者与分析者，大学英语教师需要掌握一定的数据分析方法，如比较优化、模型预测等。

二、我国教师专业发展的相关理论和基本要求

（一）我国教师专业标准政策及相关文件

笔者通过大量翻阅、查找相关文献资料发现，对于教师专业标准的研究，各个国家和地区都关注已久。20世纪初，社会学家经过一系列的研究，归纳总结出了专业的特性，产生了教师专业。教师应具备专门的理论知识技能和受过长期的专业教育。关于教师专业标准的研究愈加丰富，逐渐形成了自己的研究领域。

基于教师专业化的研究，我国于21世纪初开始了对大学教师专业标准的研究，并在研究的过程中不断地对其进行改进和丰富，最终形成了符合我国本土发展的理论。

国家强调教育改革发展的核心任务是提高教育质量，而提高教育质量的关键是提高教师的质量。那么，如何打造一支高素质、专业化的教师队伍？教师队伍专业发展的目标是什么？这些问题都需要有一定的指导和参考。

（二）我国大学英语教师专业素养要求

教师专业素养是将教师素质和教养有机地融合到一起，是教师内在秉性的外在表现，它是教师专业发展的高度和方向的决定性因素。同时，教师专业素养

也是当今社会信息化发展对教师的专业诉求。2018年1月，中共中央、国务院印发了《关于全面深化新时代教师队伍建设改革的意见》，强调要培养适应新时代的高素质人才，在遵循教育与教师成长规律的基础上，不断地提升教师的专业素养。

教师自身专业素养是决定教师队伍水平高低的重要因素，是教师从事教学工作所必备的特质。教师专业素养是教师在师范院校经过几年的系统学习后，通过教学实践的不断积累而逐渐形成的。大学阶段是学生学习语言的重要阶段，也是了解中西文化差异及提高国际认知的重要阶段。因此，大学英语教师对学生的培养至关重要。对于大学英语教师专业素养，学者们基于对教师专业素养的解读，同时结合英语学科的特点，认为其主要由专业精神、专业信念、专业知识和专业能力四个维度构成（图3-2-1）。

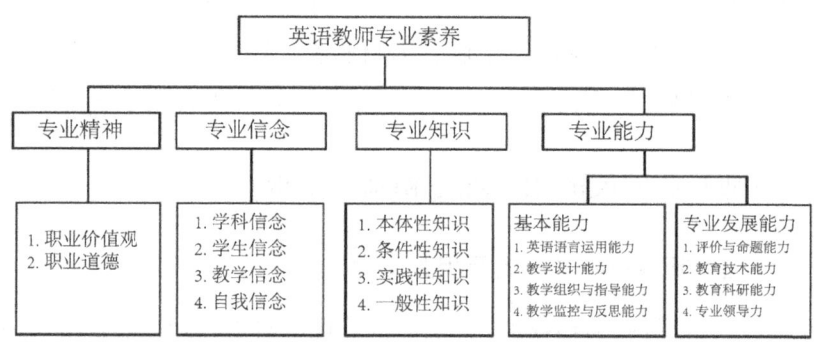

图 3-2-1 英语教师专业素养结构

1. 专业精神

在大学英语教师专业素养的第一个维度——专业精神方面，大学英语教师应该有良好的职业价值观和职业道德，对大学英语教师职业价值有正确的认识和评价，在教育教学工作中有良好的工作态度并能坚守大学英语教师行为准则。

2. 专业信念

大学英语教师专业信念素养体现在很多方面，如大学英语教师对于英语的喜爱程度、所持有的学生观及对学生的英语学习期待、对大学英语学科的地位认识、对学生英语兴趣的激发和培养等，并能对大学英语教学产生一定的影响。大学英语教师首先应有较高的学科信念，喜欢英语并认同大学英语的学科地位、开课时间和开设意义；有较强的学生信念，对学生的英语学习有良好的期待，能够不断激发和培养学生英语学习的兴趣；有清晰的教学信念，对大学英语教学目标、内容、方法等有清楚的认识和理解；有良好的自我信念，能够清楚地进行自我认知和自我发展，有良好的自我效能感。

3. 专业知识

在专业知识的维度方面，大学英语教师要具备与英语语言本身相关的学科知识方面的本体性知识；具备普通教育学、心理学方面的条件性知识；具备大学英语教学实践中的学科教学方面的实践性知识；具备自然科学和社会文化等方面的一般性知识。

4. 专业能力

在专业能力维度方面，大学英语教师要具备两方面的能力，一方面是基本能力，另一方面是专业发展能力。其中，基本能力包含四方面内容：一是英语语言运用能力，大学英语教师要有较好的听、说、读、写和课堂组织能力；二是教学设计能力，大学英语教师要对自己的授课有清晰的了解并设计出符合学生身心发展的课堂教学内容；三是教学组织和指导能力，大学英语教师要有良好的教学组织与指导能力，可以很好地解决大学英语教育教学出现的问题；四是教学监控与反思能力，大学英语教师要不断地根据实际课堂调整自己的教学活动，并不断地进行教学反思。专业发展能力同样包含四个方面：一是评价与命题能力，大学英语教师要具备阶段性和总结性评价、作业反馈、命题技术、测试结果统计分析能力；二是教育技术能力，教师可以利用现代信息技术制作和使用教学课件，通过互联网等获取资源，促进英语教学和自身专业学习；三是教育科研能力，教师应拥有可以运用科研知识解决大学英语教育教学实际问题的能力；四是大学英语教师要具备专业领导力，能够在工作中彰显自己的人格魅力、专业权力和影响力。

（三）大学英语教师专业素质的结构

大学英语教师的专业素质主要由教学素质、职业素质、科研素质、信息素质四部分构成。本书这里将对大学英语教师的这四种专业素质进行论述。

1. 教学素质

大学英语教师需要具备的教学素质包括多个方面，具体如下所述。

（1）扎实的专业技能与丰富的知识储备

扎实的专业技能与丰富的知识储备是大学英语教师应该具备的语言基本功，也是对大学英语教师提出的最基本的素质要求。从目前的大学英语教学情况来看，大学英语教师最重要的专业素质就是较强的口语表达能力与写作能力。英语教师与学生之间的沟通交流主要是通过声音和文字进行的，教师丰富多彩的语言、准确的文字表达等都有利于加强其与学生之间的沟通。

此外,教师还要具备利用现有知识与技能来获取其他知识、信息的能力。这是因为在大学英语课堂上,许多问题都具有开放性,教师既无法预测,也无法预先设定结果,这就意味着教师与学生是处于同一起点上的,教师若知识储备不足,将难以在学生面前树立良好的形象,也将难以引领学生进入下一阶段的学习。

(2) 丰富的教学方法

如今,大学英语教师扮演的主要角色是教学的设计者和学生学习的协作者,而学生则是教学任务的实践者。因此,大学英语教师的教学方法必然会发生些许变化。

过去,大学英语教师主要采用单一的口述教学法,而现在的大学英语教师则会借助多种教学法来展示教学内容,如利用多媒体网络开展英语教学,将课堂、自学等形式结合起来。此外,教师还可以对合作教学法、暗示教学法、启发教学法等传统教学方法进行优化,通过对这些教学方法的合理利用,提高学生学习英语的兴趣与积极性,进而使英语教学取得良好的效果。

(3) 新颖的教育理念

在大学英语教学中,教师要树立以学生为中心的教育理念,其职责就是指导学生,参与到学生的互动中。具体来说,教师在课前要搜集各种与课堂教学相关的资料,设计与课堂主题相关的题目,然后提前给学生布置任务,并鼓励学生积极参与到教学任务中来。在实际的教学过程中,教师与学生皆为教学的主体。其中,教师主要承担教学的任务,学生主要承担学习的任务,两者之间要加强互动。提高学生的自主学习能力,并不意味着否定教师的价值与意义,而是更重视发挥教师的监督与管理作用。

(4) 创造性思维

创造性思维是指运用新方式、新技术来解决问题、处理问题的思维方式,主要包括四个特点,即独特性、发展性、综合性、多向性。

对大学英语教师而言,独特性思维要求其充分掌握各种中英文的信息和资源,这样才能设计出独具个性的教学模式与教学方法;发展性思维要求教师能够随着科学技术的发展对教学的发展前景做出预测;综合性思维要求教师具备将英语学科与科学技术进行整合的能力,并将科学技术最大限度地应用到实际的大学英语教学中;多向性思维则要求教师具备归纳教学资源、优化教学效果的能力。

(5) 驾驭教材的能力

大学英语教师应该具备的一项重要教学素质就是驾驭教材的能力,包括对教材的评价能力和对教材的使用能力。一方面，大学英语教师要能够对教材的优劣做出基本评价。大学英语的学习离不开各种教材，除主要教材外，教师还需要为学生选择一种或若干种辅助教材，这就要求教师具备较高的评价教材的能力。另一方面，教师必须能够合理地使用各种教材。具体来说，大学英语教师需要做到以下五点：

一是适当补充或删减教材的内容；

二是灵活替换教学内容和活动；

三是拓展教学内容或活动步骤；

四是调整教学顺序或教学方法；

五是总结教材使用情况。

（6）语言文化素质

文化素质是人们在文化方面展现出的稳定的、内在的基本品质，主要包括文化品位、知识视野、审美情趣、道德修养、规则意识及世界观、人生观、价值观、自然观、发展观、人文情怀、生命观、胸怀境界等多个方面。

当今社会正处于多元文化融合的时代，人们只有具备良好的文化素质才能获得更好的发展，大学英语教师也不例外。目前，我国英语课堂教学始终存在过于重视语言知识讲解、忽视英语文化知识与语言交际能力的传授的问题。而造成该问题的主要原因就是很多大学英语教师的英语文化素质偏低。许多大学英语教师只教会了学生输出语法正确、句意准确的句子，但这些句子很可能并不符合英语国家的表达习惯，也难以用于交际。

鉴于此，要想切实提高学生英语学习的效率和实际应用能力，教师首先应努力提升自己的文化意识与文化素质，其次将大学英语文化教学融入英语基础知识教学与听、说、读、写、译的英语语言训练中去。此外，教师还要重视活跃课堂气氛，提高学生学习英语的兴趣与积极性，帮助学生积累丰富的文化知识，从而更准确地使用英语进行跨文化交流。

具体来说，大学英语教师应该具备的文化意识与文化素质主要包括以下四个方面：第一，能够用开放的眼光看待不同的文化，并吸取其中的优秀部分；第二，能够充分认识中西方文化在思维方式、价值观念、语言文化意义、交际活动等方面的差异；第三，能够正确预测英语文化中的交际行为，对学生的跨文化交际行为进行指导，避免跨文化交际中产生不必要的文化冲突；第四，要具有文化批判思维，能够辩证地看待母语文化与英语文化。

此外，大学英语教师在教学的过程中还应处理好以下四种关系：①语言教学与文化教学之间的关系；②母语文化与英语文化之间的关系；③文化共性与文化差异之间的关系；④课堂教学与课外自学之间的关系。

2. 职业素质

职业素质是大学英语教师应该具备的基本道德品行和行为操守，也是其在教学过程中应该遵循的道德意识、行为规范、情操的综合。在大学英语教育中，学生会面临各种问题，这就需要教师具备良好的品德修养、耐心与责任心，要时刻关注学生成长中遇到的各种困难，经常与学生进行沟通，了解他们的心理变化，为他们答疑解惑，重视对学生品德的培养。同时，教师可以鼓励学生积极参加各种校园活动，引导学生树立正确的人生目标，形成正确的世界观、人生观、价值观。

3. 科研素质

理论来自实践，大学英语教学的各种理论离不开大量的科研实践，而科研实践也是检验科研理论科学与否的基础。因此，大学英语教学必须实现理论与实践的有机结合，用英语科研理论指导英语教学实践，再在英语教学实践中产生新的科研理论方法，两者相互促进、共同发展。

大学英语教师的科研素质主要体现在以下两个方面：第一，大学英语教师应掌握教学实验法、访谈法、个案研究法等科学的研究方法，在教学过程中，教师要从自己的实际需要出发，选择适合自己的研究方法；第二，大学英语教师要掌握信息加工、网络搜索、信息反馈等科研能力。

4. 信息素质

大学英语教师需要具备的信息素质是指获取、组织、使用和评价信息的能力。良好的信息素质有利于帮助教师获取完整、精确的信息，从而做出合理的决策，使自己的知识朝着多样化的方向发展。

大量实践表明，大学英语教师要想提高英语教学质量，除要掌握一定的现代教育技术外，还要具备良好的信息素质，具体包括以下四点：①及时了解最新动态、捕捉前沿信息的能力；②较强的信息运用与创造能力；③获取、存储、加工、筛选、更新、利用信息的能力；④良好的信息意识，能从复杂的信息结构中获取有用的信息，能够准确把握英语学科的发展动向和学生的心理。

（四）我国大学英语教师专业能力要求

我国对大学英语教师专业能力的发展一直持有积极的态度，制定了多项政策方针来支持教师专业能力的发展。教育部强调我国要培养大批师德高尚、教育教学能力和自我发展能力突出的高素质、专业化的大学教师;其他一些文件中也详细地分析了教师应具备的关于教育教学设计、组织与实施、激励与评价、沟通与合作、反思与发展等的专业能力。但教师的专业能力并不是一直不变的,需要在教学工作中不断地学习和探索并逐步丰富起来。

教师除了要具备良好的教育教学设计能力、组织与实施能力等,还应具备和学生及家长良好的沟通能力。英语学科有其本身的社会环境限制,很少有学生可以在校外有语言环境去练习这门语言。所以,大学英语教师应积极做到与家长及时沟通,促进家校共育,共同助力学生的学习和成长。另外,反思能力也是大学英语教师必须具备的能力。教师要对教学中出现的问题及时反思,总结经验,制订符合自己的职业发展规划,积极参加教师专业能力提升方面的培训,努力促进自己专业能力的提升。

1. 教育教学设计能力

教师作为教育教学活动中教的主体,必须具备教育教学设计能力。基于大学英语的学科特点,加上大学生思维活跃开放的年龄特点,结合教师专业能力的要求,大学英语教师应具备扎实的专业基本功,有较强的听、说、读、写能力;具备对教材和学生的认知能力,能够对教材深入理解,熟知所教授学生的学习特点,合理制订学生个体与集体的教育教学计划。具体地,大学英语教师应能够根据所掌握的课程标准和教学知识,依据学生身心发展的特点,合理利用教学资源,科学地编写教学方案;制订适合学生个体与集体的教育教学计划,科学地设计教学目标,合理设计主题鲜明、丰富多彩的班级活动。

2. 组织与实施能力

校园活动中,大学英语教师应首先与学生建立良好的师生关系,尊重学生的人格,爱护学生,并引导学生之间互助互爱、建立良好的同伴关系。在课堂上,大学英语教师要能够将现代教育技术合理地应用到教学中,能够较好地使用英语语言、肢体语言与书面语言,能够使用普通话教学,规范书写;懂得如何创设适宜的教学情境,发挥学生主体地位,结合学生已有的知识和经验激发学习兴趣,运用启发式、探究式、讨论式、参与式等方式及时调整教学活动。在组织活动方面,大学英语教师要发挥好学生干部组织生活、集体活动、信息传播等教育功能,能够准确地判断学生行为和思想动向,及时用科学的方法防止并有效矫正不良行为。如遇到突发事件,可以及时且妥善处理好。

3. 激励与评价能力

大学英语极力倡导建构一个能够激励学生学习兴趣和自主学习能力发展的评

价体系。大学英语教师应在平时的工作中，细心观察学生的日常表现，及时做出判断，能够发现并赞许学生的点滴进步，灵活地运用不同的评价方式，及时给予学生恰当的评价和指导。除此以外，大学英语教师还要引导学生进行积极的自我评价，并根据评价结果及时地改进教育教学工作。同时，大学英语教师还要注重对学生评价的全面性、适切性和差异性。

4. 沟通与合作能力

大学英语教师在平时的工作中，还应具有沟通与合作的能力，这主要表现在三个方面。首先，与同事的沟通与合作能力。在学校里，教师之间相互沟通、相互学习，是促进教师专业能力成长的一个重要方式。借助学校这一重要平台，新教师可以从老教师那里汲取关于教学和组织活动等的经验；同时，新教师是学校新注入的血液，老教师也可以从新教师那获取新的教学理念来更新自己的教学方式。这种"新老互助"的方式，有助于英语教师队伍专业能力的提升。其次，与家长沟通与合作的能力。大学英语教师应该主动与家长进行沟通，增进彼此的了解，寻找机会，将自己的专业能力向家长展示出来，让家长可以在心里认可自己，从而使家长信服，并建立彼此之间的信任，共同促进学生的发展。最后，与学生沟通与合作的能力。大学英语教师要善于倾听学生的心声，对学生和蔼可亲，做到与学生有效沟通，正确使用符合学生特点的语言进行教育教学工作。

5. 反思与发展能力

大学英语教师应对自身教学的理念、方式、过程、结果等不断地进行思考，找到适当的方法指导自己的教学。教学反思是在反思的思维引领下对教学行为的改进过程。因此，反思与发展能力要求大学英语教师能够针对教育教学工作中的现实需要与问题，主动收集分析相关信息，不断进行反思、探索和研究，夯实自己的教育理论和大学英语学科的专业理论，并根据反思后的结果，改进教育教学工作，制订符合自身的专业发展规划，积极参加专业培训，不断提升自身专业素质。

三、大学英语教师角色转变的方法

要想使英语教学走上可持续发展的道路，英语教师就需要对自身的角色定位进行转变，具体有如下方法。

（一）教师要注重转变自身教学观念

大学英语教师应冲破旧的教学模式，摒弃落后的传统观念，重新定位自己的教学角色。教师要从一个教学大纲和方法的被动接受者变成一个课堂活动的组织者，从一个现成理论或他人成果的借鉴者变成一个以课堂教学为主要对象的理论探讨者与研究者。

（二）为学生提供适宜的语言学习环境

教育绝不是单边的文化传授，而是将人的创造力激发出来，将人的生命感、价值感唤醒，使人得以成为自觉、自由的人的活动。

教师角色发生的具体变化在于，在传统的教学模式中，教师是课堂教学的主体，而在新形势下，应将课堂教学中心交还于学生，以学生为主体，教师作为主导对学生的课堂学习起到指导与带动学习气氛的作用。教师自我角色转变之后，会给课堂活动带来一些改变，主要表现为：①课堂教学话题控制权由教师交由学生控制；②课堂会话活动的具体限制权由教师主导转换为由学生自主进行；③课堂上提问环节由教师已知并直接给予正确答案转变成由学生进行讨论、教师给出参考性答案或建议；④学生由传统的根据教师提出的问题进行思考与回答，转变为既可以提出问题也可以回答问题；⑤课堂问题的探讨由之前让学生说出正确答案为目的转变成以学生自由表达想法为目的；⑥由教师仅对学生话语正确与否进行评价，转变为对学生话语内容进行评价。

（三）注重基于教育生态化的教师发展

教师发展研究目前已进入生态取向，在教学生态系统中，每个生态因子都有自己的生态位，大学英语教师作为关键因子自然也不例外。实现大学英语教师生态化发展，首先要对大学英语教师专业生态化发展有正确的认识，然后才能采取有效措施提升教学专业水平。

1. 教师专业生态化发展的内涵

在高等院校教育中，英语教师不仅是英语教育教学工作的承担者，同时也是英语学科发展的专业化传承者；既承担着培养超高英语专业人才的任务，同时又承担着英语学科发展的建设任务，对国家科学技术的发展水平、社会物质文明与精神文明建设均有深远影响。大学英语教师传播、学习、继承并发展了先进的英语语言文学知识，为各行各业培养并输送了大量英语人才，为社会经济、文化的发展做出重大的贡献。

教师专业化是指教师职业以其自身独特的职业要求与职业条件为依据，根据一定的培养与管理制度，加以专业化的针对性学习与训练，在教育实践中不断提升自身修养与综合素质，逐步掌握专业知识技能，成为一名合格的教育工作者的一系列过程。而教师专业生态化则是一个符合身心发展状态的，具有发展性概念的，不断完善、深化的过程。

2. 大学英语教师专业生态化发展的意义

我国众多本科院校面临着由传统本科教育方式向应用技术型教育方式转型的关键时期。

时下，传统教学模式下的公共英语教师常因缺少针对性的职业发展规划而面临着前所未有的挑战。由 EGP（English for general purposes，通用英语）教师向 ESP（English for specific purposes，专门用途英语）教师转型已成为一种趋势。这就要求 EGP 教师以适应时代发展需求为原则，不断调整自身角色，顺应教改趋势，谋求一条新的发展路径。就目前而言，专业英语的发展不仅顺应了学生职业素养培养理念，而且为 EGP 教师的职业发展提供了一个新的契机。EGP 教师可以由传统意义之上的基础英语教师向专业英语教师进行转变，从而实现 EGP 教师的可持续发展规划。尤其是在我国高等教育改革与办学规模稳步出现良性发展趋势的背景之下，大学英语教师队伍亦在不断壮大。教师专业生态化发展日趋成熟，并在国际教育界已成为热门研究领域，大学英语教师专业生态化发展得到了社会各界的广泛关注，英语教师专业生态化发展已呈现出不可阻挡之势。

3. 大学英语教师专业生态化发展的途径

生态学视角下的大学英语教师专业发展应是具有系统性、动态性、全面性的可持续发展过程，这不仅需要教师从自身角度重视其生态位的拓宽，也需要从外部环境给予教育生态环境保障。具体有如下发展途径。

（1）教师积极主动地应对改革的洪流

大学英语教师专业生态化发展是内外力共同作用的结果。教师专业生态化建设需要校方就相关教育教学制度与教研制度做出相应的调整，以配合教师专业生态化发展，同时也需要教师针对自身的实际情况进行调整。大学英语教师专业生态化发展，归根结底是以教师为主体的专业发展，是一种教师主动发展的实现过程。基于此，教师在其专业生态位的发展中具有不可忽视的地位与重要作用。教师应以自身的发展目标为基础制订合理、科学的职业发展规划，并针对相关情况进行社会性考察，积极参加公益性社会活动，以拓展自己的思路，提升自我改革与创新意识。

（2）鼓励教师团队建设

在生态学视角下，大学英语教师应打破传统教学模式中的学科壁垒，积极开展与专业课教师间的交流与合作。英语教师与专业课教师可组成 ESP 教学团队，补充强化专业知识，建立多元化的教师培养机制，主要体现在两个方面：一是教师阶梯队伍的多元化培养；二是品行素养、业务水平、专业发展三个维度的多元化培养。加强对青年教师的培养，为青年教师创造更多机会，将导师制工作落到实处，完善青年骨干的激励与培养机制也十分重要。大学要拓宽各类渠道，努力为青年教师创造多种参与国内外学术合作与进修的机会，开展各类教学竞赛活动，激励广大青年教师积极投入教学，参与教学改革，使院校青年教师严谨治教、勤奋治学，不断提高教学质量与水平，培养一支具有一流水平的师资队伍。

（3）多交流、多学习，提高专业素养

首先，大学可以为英语教师提供多元化的学习、锻炼机会，使其在更广阔的平台开阔眼界；其次，通过校内教师互评、校际 ESP 公开课及交流会的形式进行校内外经验交流；最后，将学徒制模式引入大学，以资深教师的丰富经验通过传、帮、带使青年教师教学水平迅速提升，促进青年教师由 EGP 教师向 ESP 教师转型升级，为其专业化发展提供助力。

（4）学校应给予支持

学校方面，应积极鼓励教师进一步学习与深造，以定期选送或个人扶持的方式鼓励教师参加相关专业领域的继续教育与培训课程；强化教师系统性专业化培训，对英语专业理论与实践性问题的研究力度亦要逐步加大。校方应为教师进行教学改革与教学经验的交流提供支持，使其在实践过程中探寻出一条适合实践教学的特色教育教学路径。

总而言之，随着教育大众化进程的迅猛发展，我国高等教育改革所面临的重要问题即对如何提升教师教学能力与专业化发展路径的探索。因此，如何有效促进教师专业化发展，进一步提升教育教学质量与效率，是我国高等教育改革的关键点。

（四）建立生态化的英语教师话语

"话语"一词近年来在学术界的使用频率逐渐增多，成为当今学术界和社会发展所关注的热点和重点。至今以来，学者们不断展开对"话语"的研究，随着研究成果的丰富，由"话语"的概念引申出"话语体系"概念，学术界对相关概念的研究日益深入、广泛。此外，改革开放以来，随着中国特色社会主义的迅速发展，中国受到了国际社会的广泛关注，在国际上有效发声并争取自己话语权的要求愈来愈强烈。在社会实践的推动下，"话语"开始进入学术视野，成为中国学术界关注并研究的重点问题。对"话语"和"话语体系"的研究要深刻把握理论与实践统一的原则，新时代既要把握"话语"和"话语体系"的理论内涵，又要与社会主义生态文明的实践相结合，以理论指导实践的开展，同时在实践中检验理论的真理性。只有将理论运用于实践，才能真正把握生态话语的内涵与实质，从而为话语建构奠定基础，提供理性的支撑。

近十年来，教师课堂话语已成为课堂教学研究的热议话题。纵观近十年来对教师课堂话语的研究，可以发现其主要是针对话语特征、话语功能、语法转换、提问与反馈话语、师生互动话语等方面的热议，且研究视角多集中于二语习得、话语分析、人际功能及评价理论等传统方面，而基于生态语言学的教师课堂话语研究视角还很少见。而生态语言学为教师课堂话语提供了必要的理论指导。将生态语言学融入教师课堂话语体系构建之中，可为其向科学、合理的话语体系发展提供理论基础。

1. 生态语言学视角下大学英语教师的话语原则

当我们把课堂教学看作一个生态系统时，为使课堂生态环境始终维持在平衡状态，就需要教师运用有益性话语来保护课堂生态平衡，尽量少用或不使用破坏性话语来进行教学。教师的有益性话语通常指有益于课堂生态环境的话语，具体来说，是那些可以激发学生学习兴趣、提高其文化素养、培养其善于思考的能力，促进师生间的交流互动，营造课堂轻松、和谐、友好的气氛，提升其语言与跨文化交际能力及创新能力，能培养学生积极、乐观、向上的态度，以及正确的人生观、价值观的话语。例如，教师可以用流畅、自然的英语口语清晰地进行表达，且课堂话语内容有趣、丰富，可以充分调动学生学习的积极性，通过学生的热烈讨论还可以激发师生间的互动热情，从而使学生可以在良好的学习氛围中精神饱满地投入学习，这才是有益性话语的精妙之处。反之，即为破坏性话语，会对师生间良性互动、提升学生学习积极性与语言能力产生严重的负面影响。

我们可以从五个方面来判定教师的话语是否为有益性话语：第一，教师的话语速度与话语量；第二，教师的话语内容与质量；第三，教师的语码转换策略；第四，教师的提问策略；第五，教师的反馈策略。

据调查显示，现今课堂教学仍存在着教师话语量过多、学生话语量较少、教师话语质量低、教师语码转换过多和不合时宜、教师提问过于模式化、参考型问题过少等问题，这表明教师使用的有益性话语较少。

2. 教师话语在构建大学英语生态课堂中的功能

在大学英语生态课堂构建过程中，作为英语课堂教学中的重要影响因子，教师的角色已不单单是英语知识的传授者,而更应转为生态课堂教学环境的构建者、意见交换的参与者、学生英语学习过程中的促进者,或是如同知己、朋友、心理医生、顾问等的角色。而英语教师话语作为教师角色得以实现的重要媒介,具有下述功能。

(1)提供高质量语言输入的功能

在大学英语生态课堂构建的过程中,学生获取知识的主要场所依然是课堂,而教师话语依然是学生获取知识最主要同时也是最可靠的输入来源,因此教师话语必须具备提供高质量语言输入的功能。教师可通过示范、导入、知识讲解等话语方式来使高质量语言输入功能得以实现。但就现阶段来看,在大学英语课堂中,教师话语质量并不尽如人意。基于此,教师应在大学英语课堂教学中,对自身话语质量不断进行稳步的提升,针对学生的耐受度与生态位,使用贴近生活且略高于学生英语水平的真实语言进行教学,但需要注意话语的准确性、示范性及难易程度,尽可能地使用生动清晰、精练的语言来对学生进行引导,切不可将教师话语这一重要的影响因子变为限定因子。

(2)提供优质互动的功能

师生互动是指师生双方在共同的课堂环境中相互倾听、交谈和协商等。在大学英语生态课堂中,教师话语的优质互动功能主要通过提问、反馈、拓展和教师话语量等方面实现。然而,多数教师话语在提问、反馈和拓展等方面都有待提高,且教师话语量普遍过多,这种现状显然不利于师生间的互动。

教育生态学提出,教师话语应在充分了解学生的生态位与耐受度的基础之上,尽可能地克服传统课堂教学模式中的花盆效应,对教学中的提问与讨论方式进行精心设计,充分激发学生的学习兴趣,实现师生间的良性互动,对学生进行语言输出与知识构建主动引导。此外,教师应以发展的眼光看待学生,为学生提供更多的积极性话语表达,以欣赏的态度对待学生,让学生在学习与认知的过程中得到最大支持,从而引导学生主动发起拓展并进行即兴的意义表达;同时,教师应根据具体情况调整话语量,把更多的表达机会留给学生。

(3)基于学生生态位的支架功能

更为准确的教师话语表达在大学英语生态课堂教学中可以为学生构建良好的教学环境,引导学生产出准确、恰当的话语,充分发挥教师的支架功能。为此,教师话语应基于学生的生态位,注意提问方式的变换、学生回答问题遇到困难时的提醒和引导、学生回答问题后对话题的进一步拓展等。

（4）创造真实社会交际的功能

在大学英语生态课堂中，教师话语还具有发起或维持人际交往的功能，即社会交际功能。该种课堂话语与真实交际中的话语基本相似，其本身可能并不具有特殊的教学意义，但却能体现师生和谐的生态内涵，是影响教学效果和学生发展的限制性因子。该功能主要体现在师生间的寒暄、提问、反馈和拓展等方面。

（5）以学生为本的情感功能

教育生态学认为，在大学英语课堂教学中，教师和学生都是有情感的，为了实现大学英语生态教学的目标，建立和谐的师生关系，教师的话语必须体现对学生的真情实感，如对学生的尊重、爱护、欣赏和关怀等，即教师话语应具备情感功能，该功能主要体现在语音、语调、语速、提问、反馈和拓展等各方面，也贯穿于导入、内容讲解和提问等各个教学环节中。因此，教师话语应尽量根据学生的特点和具体的教学内容体现出积极主动、激愤高昂、平和淡薄等不同的情感，从而使教师情感、学生情感和教学内容实现有机结合，使学生从情感高度深刻领会所学知识并勇于自由地表达自己的思想，提高学习效率。

3. 大学英语教师生态话语策略

生态化的大学英语课堂教学要求教师更新教学观念。本书结合英语教学生态观对大学英语课堂特点和教师话语行为特征进行分析，下面对大学英语教师生态话语提出了一些优化策略。

（1）丰富教师话语内容，关注人文精神、情感培育及文化传承

在大学英语课堂生态系统构建的过程中，教师应以丰富、有趣且适合于教学的话语内容为主要选择，来构建集知识、情感、文化为一体的多元化教学网络，并对学生构建多元知识网络提供一定的帮助，从而对学生知识技能、文化素养及人文精神的建设与发展提供助力。这就要求教师话语内容不应局限于课本或水平测试的要求，还应针对教学计划相应加入英语原版著作、报纸、杂志、英语广播、视频、电影及英语歌曲等来拓宽学生的英语学习边界，激发学生的学习积极性与学习兴趣。除此之外，教师还可通过创设情境的方式来培养学生的语用能力。教师通过创设一个真实的自然环境，为学生尽可能多地创设使用英语沟通的机会与场所，使学生可以在各种真实情境下更好地学习语言，提升自身语言交际能力与语用能力。而从教师方面来讲，只有教师话语内容足够丰富，才能最大限度地引导学生走向丰富的精神世界。

大学英语教师话语还应对学生文化意蕴与跨文化交际能力进行针对性培养，并对学生进行中西方文化的辩证观引导性培养，在传承中华优秀传统文化的基础

之上，借鉴西方优秀文化。传统的英语教学课堂以听、说、读、写、译五种能力为主要的培养目标，这在很大程度上推动了学习者英语水平的提高。然而，课堂上文化教育的缺失导致学习者对西方文化、文学、意识形态及中西文化的差异了解甚少，跨文化意识不强，跨文化交际能力差。为培养学生的跨文化交际能力，提高学生传承中华优秀传统文化的能力，在具体的大学英语教学中，教师使用的话语要经常涉及中国和西方各国的文化背景、社会风俗、价值观念、思维方式等，引导学生通过对比中西文化发现中西文化的精髓，尤其是引导学生了解中华文化蕴含的核心价值观念，树立传播中华文明、推动世界文明进程的信心。文化比较还可以提高学生对一般文化差异的敏感性和适应性，有意识地培养学生的跨文化意识，提高学生的跨文化交际能力。

（2）严格控制教师话语数量，精心设计提问话语和反馈话语

我们可以将大学英语课堂看作一个统一、可变的具有能动性的生态系统。这一生态系统在一系列的多维度、多元化、多内容、多形式的交互活动之中进行，包括师生互动、生生互动、学生与教学文本互动、师生与多媒体互动、师生与自然环境和社会环境互动等错综复杂的互动关系。其中，学生与教师之间的互动起着非常关键的作用。师生间的互动不仅是一种信息的互动，更是一种情感的互动或者是一种人际互动。

教师应对自己在英语课堂教学中的提问与反馈话语进行精心设计，以保证师生间的沟通顺畅。例如，针对提问话语，教师应多设计一些具有参考性或开放性的问题，以达到启发学生思考的目的；在学生回答问题时，教师应多使用肯定性话语进行反馈，尽量避免评价性甚至否定性的话语反馈，如果不得不使用评价反馈，则要保证具体性、客观性，切勿一味地夸赞或一味地粗暴批评。此外，教师在课堂教学的过程中，要确保声音洪亮，语调丰富、清晰，节奏优美，表达流畅、自然，用词准确且丰富，质量高且有趣味性，以激发学生的学习兴趣与热情。

（3）修炼教师话语艺术，提高教师话语感染力

在大学英语课堂教学中，教师只有不断修炼自己的话语艺术，使自己的话语具有感染力，才能激发学习者的学习兴趣，从而提高其学习英语的效率，使其在愉悦、美好的课堂环境中产生情感共鸣。

教师若想使话语具有艺术感染力，可以采取一些切实可行的策略：一是表达要尽量简洁生动，充分考虑学生已有的认知水平；二是教师要适当使用体态语，使教师话语更加生动有趣，能够吸引学生的注意力。另外，使教师话语具有感染力的一个重要策略就是使用幽默语言。幽默语言指教师依据课堂语境与教学内容，

灵活运用非常规语言或各种修辞手法表达思想内涵，主要目的是克服逻辑话语容易使学生疲劳、厌倦的弊端，使学生在轻松愉快的氛围中了解一些复杂或严肃的思想主题蕴含的意义，或开启学生智慧，或引起情感上的共鸣。幽默语言是教师思想、智慧与灵感的结晶，是个人内涵、个人学识和经验积累的表现。教师要多搜集、多整理富有幽默感的格言、警句、妙语、风趣故事等素材，根据课堂语境灵活、适时地运用幽默语言。只有这样，教师才能让学生置身于轻松愉悦、活泼有趣的语言环境中受到启发和感染，从而习得语言。

第三节 大学英语教学实践的优化

通过以上的分析我们应该认识到，要从多个方面来改革大学英语教学，实现英语教学的优化，下面本书为读者总结一些优化大学英语教学的实践路径，系统化地认识英语教学的优化途径。

一、注重教学理念的转变

开展大学英语教学，需要明确几个问题："Why"为什么教（学），明确大学英语教学目的；"What"教（学）什么，确定英语教学内容；"How"怎么教（学），制订英语教学方法。

有效梳理这些内容后，教师要进一步明确通过英语教学，要将学生培养成具备较高英语素养的人。因此，大学英语教师在实际开展英语教学的过程中，应当遵循英语特点、英语教学规律，强化自身感悟能力，不断学习现代心理学，借鉴教学理论成果，提升自我学习意识，为教学效果的提升不断努力。

二、明确教师的职能

大学英语教师，不仅仅是传授给学生知识的人，更是学生学习过程中的引导者、服务者、策划者，要激发学生的主观能动性，提升其学习兴趣及愿意主动学习的自觉性。学生并不是天生就具有自觉性，而是需要教师悉心指导培养的。因此，为突显学生的主体性，大学英语教师需要明确自身职能，全面考虑学生心理、学习等方面的需求，努力增强学生的自我意识、集体意识，帮助学生学会自我控制、调节，从而帮助学生实现主体能力的发展。

三、不断优化课程设置

在课程设置上,大学需要增加介绍中华传统文化的英语课程,应大力研究如何用英语准确介绍我国传统文化。比如,对于《大学》《中庸》等中国思想经典,需要立足现代视角,将中国思想文化、艺术文化通过不同的宣传方式展现出来。对此,教师需要充分利用英语教学,帮助学生学会使用英语介绍本土文化,传播中华民族精神。大学可以与媒体进行合作,将此种教学内容制作上传到互联网,让更多的西方学者认识中华文明,同时促使学生学会尊重和宽容地对待其他文明。

四、创设生态英语课堂教学环境

课堂生态,涵盖了课堂中的人与环境,需要人、物质、精神三种因素相互作用、相互促进、相互制约,构建出多元互动的关系。

(一)大学英语学习环境非生态化现象阐释

生态视角下的大学英语学习环境可以被视为一个复杂的微观多元生态系统,是英语教学宏观生态系统的重要组成部分,遵循生态系统发展的规律和特点。出于各种原因,大学英语学习环境存在诸多非生态化问题,不利于学生从学习环境中获得营养和支持,致使大学英语教学出现"费时低效"的问题,主要表现在以下五个方面。

1. 学习环境中存在"拥挤效应"

生态学中的"耐度定律"表明,自然界中的任何个体对周边的环境都有自己的适应限度,超出了限度则不利于自身生长。近年来,虽然国家大力发展高等教育,但是由于本科扩招、大学引进人才门槛较高等原因,现实的大学英语教学仍然存在班级人数过多的问题,许多院校依旧实行大班英语授课模式。过多的学生聚集在空间有限的教室内,压缩了个人学习空间,容易导致生态主体与课堂教学环境失衡,发生"拥挤效应"。同时,学生数量过多,阻碍了师生之间的情感交流,导致教师没有足够的精力去了解每一位学生的特殊需求、确定个性化教学目标,学生的需求得不到尊重,不利于学生的全面发展。

2. 学习环境呈现封闭式特点

生态系统的开放性要求系统与外界保持能量交换以维护自身的稳定,开放性的学习环境应与外界真实的语言交际场景融为一体,着重培养学生的语言交际能力。然而,大学英语学习环境整体上呈现封闭式特点,学习环境与外界社会环境、未来工作需求在一定程度上呈割裂状态，"学"与"用"不能有效结合，主要表现在以下几个方面：首先，教学内容缺乏开放性，多囿于教材、四级、六级辅导等方面，拓展内容有限，缺乏多种学习资源的有效整合。其次，课内外学习不能有效衔接。中国语境下的大学英语教学主要局限于课堂内，课上教师重视陈述性语言输入，课下学生缺乏使用英语进行语言输出的实践机会，导致陈述性知识无法有效转化为程序性知识，学习效果不佳。最后，功利主义下的高校英语学习出现学生为"考"而学的现象，导致"学"与"用"不能统一。

3. 主客体生态位失衡

生态位概念表明，系统中各生态因子均扮演着特定的角色、占据特定的位置、发挥特定的功能，以维持生态系统的动态平衡。理论上讲，学生是学习的主体，但实际教学中，虽然教师尊重学生的发展，但"满堂灌"现象依旧存在，学生在课堂中仍然扮演被动的信息接收者的角色，虽然每堂课看似"收获满满"，但实则"囫囵吞枣"，内化程度并不高。大学英语教学的重点在于培养学生的自主性，使学生具有终身学习英语的能力，满足未来工作的需求，但是教师主讲下的英语课堂，容易使学生对教师产生过分的依赖心理，教师教什么就学什么，自主性和创新能力被扼杀，导致离开了教师，学生会陷入迷茫状态，无法独立进行学习探索。对教师的过分依赖，加之现有的封闭性学习环境，导致整个课堂教学环境犹如一个花盆，学生恰似花盆中的花朵，一旦离开了园丁（教师）的照顾就容易枯萎死亡，出现"花盆效应"。

4. 学习环境中缺乏互动

"共生效应"指的是自然界中单独生长的植物往往容易枯萎死亡，而众多植物共同生长则更容易花繁叶茂的一种生物现象。同样的道理，孤立的英语学习往往效能低下，而合作学习则可以优化学习效果。生态视域下英语学习的关键在于主客体与学习环境之间的互动，互动状态下师生、生生间通过互相交流可以彼此提供支持，帮助对方实现意义建构，从而获得最大化的学习效果。然而，大学英语学习环境中存在诸多影响互动活动开展的因素。首先，传统的行列式的课堂，学生座次固定，导致前后排的同学沟通不畅，不利于英语互动活动的展开。其次，非生态化的师生关系，阻碍了师生间的信息流通，导致师生间很难形成有效互动。最后，教师对于语言互动教学的错误理解，导致现存的互动活动多呈现"形式化"特点，无法达到理想的效果

5. 存在非生态化评价体系

作为英语学习环境生态系统中重要的生态因子，科学的评价体系不但可以激

发学生的积极性，还可以为英语学习的可持续发展提供不竭动力。大学英语教学评价体系仍以终结性评价为主，整个评价体系对于学习过程重视度不够。终结性评价的依据主要为学期末的考试，通常占总成绩的60%，而附带的平时成绩（过程性评价）带有一定的随意性，主要依据学生课堂内、外的学习状况，如出勤率、课堂表现、是否按时提交网络作业、是否参与第二课堂活动等，通常占比40%。教师的教学任务繁重，所以通常只要学生确保出勤率就可以获得较高的平时成绩。同时，教学评价主客体间表现出单向性和局限性等特点，评价的主体为教师，评价过程中往往忽略了教学反馈的环节。总之，评价体系无法对高校学生的英语学习进行客观、整体性评价，不能对学习过程实施有效监控，忽视了对高校学生自主性学习能力的培养，不利于学习环境生态系统的良性发展。

（二）结合生态给养理论优化大学英语学习环境

教师在开展教学中，需要明确人是主体因素，也就是学生和教师，需要保证教师的"教"与学生的"学"相互和谐、不冲突，这就需要英语教师在设计教学内容时，要以学生为主思考、设计、实践。而物质因素主要通过教室内的设施、媒体、空间等构成，为给予学生良好的学习环境，教师需要构建良好的学习氛围，营造相应的语言教学环境，通过环境促使学生积极参与到教学互动中，从而有效激发学习兴趣，培养学生的创新能力，提高英语学习效果。比如，教师可以利用校园网资源，构建立体化、个性化的学习环境，将英语教学有效拓展到课外，构建一种双向教学环境。在扩展学生英语知识视野的同时，也很好地补充了高校英语教学资源内容。师生线上交流方式对构建和谐、平等的师生关系起到了重要作用。

1. 营造积极、低焦虑、宽松的语言学习文化

学习文化属于学习环境中的非物质成分，可以为学生的语言学习提供隐性给养，在潜移默化中激发学生的语言学习行为。迫于考试的压力，大学英语学习普遍处于一种紧张、沉闷的学习氛围之中，为通过四、六级考试而产生的焦虑心态，使学生感受不到语言学习的乐趣，降低了学生从学习环境中感知给养的可能性，不利于英语教学的开展。积极、低焦虑、宽松的学习氛围富含丰富的情感和认知给养，可以缓解学生英语学习的紧张和畏惧情绪，实现轻松、快乐学习。积极、低焦虑、宽松的英语学习氛围需要师生共同营造。首先，教师要尊重学生的主体性，了解学生的认知特点，善于捕捉学生的心理变化，降低学生英语学习的紧张感和排斥感，给予学生发言权，激发学生参与课堂讨论及互动活动的热情。其次，

教师应该鼓励学生发挥主观能动性，积极适应教师的教学风格，在教师的引导下放松心情，提升学习动机，更新对于英语学习的认识，重新树立信心。最后，师生之间应该加强对话，通过交流，探究学习环境中的给养是否符合学生的需求、学生是否能够有效感知学习环境中的给养等问题，从而有针对性地优化学习环境，调整教学设计，让学生在积极、低焦虑、宽松的语言学习中获得最优的学习体验。

2. 明确学习目标，实现学习环境优化

学习环境中给养的转化受到学习者意图的影响，明确的学习目标可以促进"积极给养的转化"。然而，由于个体生理差异及不同的英语学习历史和经验，不同水平学生的英语学习目标、感知学习环境中学习机会的能力和采取学习行为转化环境中给养的能力也不同。因此，学习环境的设计对于教师而言也是一项充满挑战的匹配/平衡技术，教师在环境设计中要实现学生的需求与学习环境中的给养相符合，教学目标与学习目标相统一，才能实现学生与学习环境的动态适应，使学生从学习环境中获得更多支持。首先，教师需要向学生阐明教学目标。明确的教学目标可以指引学生感知和解读教学活动中与教学目标相关的给养，激发特定的学习行为。其次，结合教学目标，教师要引导学生确立符合自身发展实际的阶段性与长期性学习目标，使得学生在具体目标的驱动下，主动探寻学习环境中能够满足自身发展的学习资源与学习机会（给养）。再次，教师要针对教学目标和学习目标两个方面构建相应的学习环境，使学生的学习目标、个性化学习需求和学习环境中潜在的给养相匹配，帮助学生感受最佳的语言学习体验，达到学习环境优化的最佳效果。最后，教师要检验学生学习目标的实现情况，为学生提供自我观察的给养，帮助他们反思自己的学习目标、过程和结果，培养自主学习能力。

3. 提供多样性的课程体系及学习资源

首先，构建多元化大学英语课程体系，提供个性化、多样性的学习资源。一方面，大学英语课程的设置要建立在个人需求与社会需求的基础之上，既要考虑为基础较为薄弱的学生打牢基础，又要为有一定基础的学生提供进一步发展的空间；既要提高学生的语言技能，又要满足学生未来工作的需求。这就要求本科院校要围绕学生的专业性质及未来社会对于从业人员的需求，构建包含通识教育类英语（English for general education，EGE）、专门用途英语（English for occupational purposes，ESP）、职业英语（English for academic purposes，EOP）、学术英语（EAP）和通用英语（EGP）等多样性的必修和选修课程，提供富含给养的多元化课程体系，让学生各学所需，满足学生的多样化需求，激发学生的学习行为。

其次，利用信息化技术提供个性化、立体性的学习资源和语言输出机会。作为重要的教辅工具，信息化技术可以让学生充分感受到环境中蕴含的技术给养。例如，教师可以通过网络教学平台制作与教学内容同步的，涵盖听觉、视觉等多模态的网络学习资源，调动语言学习的所有感官，使学生感知到更多的学习机会，进而采取更多的英语学习行为。同时，将信息化技术融入第二课堂活动中，可以支持学生课堂外进行自主学习和协作式探索，使学生获得更为丰富的语言学习体验，保证语言输入与输出平衡。例如，教师定期组织英语演讲、话剧表演、网络写作、网络辩论等活动，提供学生创造性使用语言的机会，使课内外给养有效衔接，提高语言学习效能。

最后，开放性的学习环境要求将语言学习置于社会文化大环境下，教学内容贴合真实语言情境，使情境、语言使用、教材有效融合；要求教师立足于教学目标与学生的学习兴趣，结合学生生活实际及专业特色，打破教材的局限，提供生活化、与专业相挂钩的立体化语言输入，实现教材的创造性使用。在真实的情境中展开的语言教学可以为学生提供情境给养，使学生体验以英语为媒介身临其境参与社会活动的感受，锻炼真实的社会适应能力，引导学生在真实语境中内化、迁移知识，切实提高学生的交际能力。真实情景中的语言学习可以使学生思维发展保持在"最近发展区"中，有利于培养学生的高阶思维能力。同时，真实情境下学生提出的独到见解一定程度上可以为教师提供积极给养，起到反哺教师的作用。

4. 推动建设多元化的评价体系

给养理论视域下的教学评价强调发展性、双向性和多元性相结合，旨在对学生的学习过程进行全面性考查，通过教学评价促进学生学习反思，进一步提高英语学习效能，因此教师要实行发展性和过程性的教学评价方案。

首先，传统的终结性评价以学生的知识掌握为最终评价标准，给养理论视域下的英语教学以培养学生的自主学习能力、促进英语学习的可持续发展为最终目标，因此基于给养理论的评价体系重视对学习发展性的评价。其次，给养的感知和解读因人而异，不同的学生由于学习意图和学习经验等方面的差异，从学习环境中汲取的营养也不同，因此应该制订个性化、多样性的评价标准，注重评价主体及方式的多样性。对于学生的评价除包含教师评价、自我评价、生生互评和小组评价四种评价方式外，还可以加入问卷调查和访谈等形式，重点考查学生在小组互动过程中的成长情况、对于学习资源的感知和利用情况、学生的学习态度、学生是否具有主动性等问题。最后，增加教学反馈环节，注重评价的双向性。教师和学生轮流充当评价主体，实现教师评价与学生反馈的良性互动。通过反馈，注重收集学生对于学习环境优化的个性化需求，为进一步优化学习环境、保持学习环境的可持续发展提供铺垫。

应该说，学习环境对于英语学习起到决定性作用，大学英语学习环境中存在一系列非生态化问题，致使学生无法有效从学习环境中获得最大支持。给养理论视域下的学习环境优化可以围绕营造良好的学习氛围、设计任务型互动活动、构建师生和生生学习共同体、制订多元化评价体系等几个方面展开，目标是构建充满给养的学习环境，使学生与环境给养之间形成互动共生的良好生态关系，在帮助学生掌握语言知识与语言技能的同时，培养学生的自主、合作、探究学习能力，促进英语学习的可持续发展。构建一个充满给养的学习环境，为学生的潜在学习行为提供"养料"支持，不但可以更好地实现意义建构，提升英语学习效能，而且可以培养学生自主、合作、探究的学习能力，促进英语学习的可持续发展。生态给养视域下的教学环境优化研究为大学英语改革提供了新的思路，为后续给养转化路径的实证性研究提供了理论基础。

五、创新教学方法

大学英语教师需要从学生实际出发，针对不同英语教学内容设计相应的教学方法，提高大学英语教学成效，提升学生的学习效果。比如，在"What we wish"这部分教学中，高校英语教师可以采用"任务驱动"教学法，引导学生以学习小组的方式，在了解英美学校后，自主搜集资料，了解中国的学校，并形成对比，以 PPT 的形式展现，学生在合作、讨论、交流过程中，更好地感受到了英美文化与中华文化之间的差异，对学生跨文化交流意识的提升起到了重要作用。

（一）知己知彼，百战不殆

教师要"知己知彼"，方能"百战不殆"。在备课前，教师要充分了解学情，包括学生的学习程度、兴趣爱好、思维品质等，以便更好地把握词汇教学的"度"。教师应提前做好教学预设，针对不同学生可能出现的问题，给出词汇图式教学的不同方案。

(二)灵活教学，应变得当

教学需要教案，而教案并非剧本。虽然教案是"死"的，但教学是"活"的。教师面对的是一个个活生生的学生，每个学生都有不同的思想和行为，有的比较内敛，有的比较张扬，有的喜欢表现，有的善于发问，等等。面对不同的学生，不同的词汇图式是教学灵活应变的最佳体现。

六、构建师生和生生学习共同体

教学离开了互动就不能称之为有效的教学。语言学习中，教师要提供多种互动学习机会，互动和交流的学习环境可以转化更多的积极给养，更适合语言的学习。互动教学中，"任务"被看作促进语言转化和创造语言使用机会的互动性活动，可以提高学生的语言交际能力，学习中的互动活动可以围绕任务展开。以任务为主线设计学习活动，可以有效解决学习环境中存在的非生化问题，有利于构建生生、师生学习共同体。

首先，任务驱动下的分组活动可以有效解决学习过程中存在的"拥挤"问题，加速系统内部的信息流通，使英语学习充满生机。以小组为单位，可以使学习群体达到合适的密度，改善"拥挤"的学习问题，有利于教师对于课堂教学的管控。同时，任务驱动下的师生、生生之间相互交流、协作、集思广益，加速了系统内部的信息流通，使英语学习生机勃勃。其次，完成任务的过程中，小组成员通过相互帮助（提供同伴支持），可以使彼此获得丰富的认知、情感等给养，实现共同进步。任务驱动下，小组成员之间积极进行意义协商，同伴的反馈可以增加可理解性的语言输入与输出，水平相对较低的学生可以获得来自水平较高的学生在语言、交际及情感方面的帮助，提高语言水平；水平较高的学生通过与其他学生交流可以加深对于知识点的理解和掌握。因此，通过交流和互动，语言学习由个人活动转化为一种集体活动，不同水平的学生都能不断超越当前的英语水平。同时，任务驱动下的小组互动可以加深组员彼此间的了解，促使小组成员在竞争与合作中构建互利共生的学习共同体。最后，任务驱动下的互动活动离不开教师的帮助和管理，来自教师的认知和情感给养可以有效改变传统刻板的师生角色，促进新型师生关系的构建。教师与学生是语言学习环境中最为活跃的两个生态因子，二者的关系是教学改革关注的焦点。教师要保证任务的可行性，通过任务设计为学生提供丰富的学习机会，在任务实施过程中引导学生有效感知来自同伴、师生互动中的力量，监督、协调教师、任务和学生之间的动态适应关系，与学生形成互利共生的师生关系，构建师生学习共同体。

第四章 信息化背景下大学英语教学的创新

本章对于信息化背景下大学英语教学的创新进行了分析，主要从信息化时代发展概述、信息化教学资源的开发与建设、信息技术与英语教学的整合"这三个方面展开具体的分析。

第一节 信息化时代发展概述

随着信息技术的不断革新，我国的教育信息化已经进入了一个高速发展的状态。近年来，国家出台实施了一系列相关政策，鼓励与推进教育信息化的发展。教育部颁布的《国家中长期教育改革和发展规划纲要（2010—2020）》中已明确，信息技术对教育发展具有革命性影响，必须予以高度重视，在众多政策制度的促使下，随之而来的是全国大学信息化项目发展的热潮。

随着中央与各级政府对大学教育信息化建设力度的逐年加大，各类大学在信息化建设中均持续投入了大量资金，在不同程度上取得了一定的成绩。当今大学的信息化项目的建设程度俨然已成为这所学校"名片"的内容之一，同样信息化发展水平也是大学软环境实力的显性体现，大学信息化项目快速发展的背后，必然产生了相应的问题，即当项目实施之后，投入的预算是否取得了效益，建设的内容是否给使用者带来了方便，项目产生的结果是否有助于学校的事业发展，等等。如何给这些现实问题寻找答案，信息化建设工作显然已成为大学教育管理的必要工作。

一、信息化教学

信息化教学即电化教学，是在现代教学理念的指导下，以信息环境为支持，运用现代教学方法，科学地安排各个教学环节和教学要素，达到优化教学过程的目的。在这个短语中，"教学"是中心名词，"信息化"是修饰词。信息化教学过程的中心是信息技术与学科教学融合的过程，主要对象是教师和学生。

信息化教学强调以学生为中心，强调对学习环境的设计，注重情境和协作学习的作用，注重利用数字化资源来支持学习。在对信息化教学模式充分认识的前提下，教师才能把握其特点，才能胜任信息化教学。

（一）概念辨析

1. 在线教育和"互联网＋教育"

在线教育 E-learning，是指将互联网平台设备作为媒介，通过网络的连接，基于一定的学习材料在网络终端进行的学习活动。在线教育最大的特点在于数字化教学，突破了时空限制，将学习活动通过网络信号进行传输，实现了跨区域教育的目标。

"互联网＋"的概念源于 2015 年李克强总理在十二届全国人大三次会议上提出"互联网＋"行动计划，其目的是将互联网与制造业、大数据、人工智能结合，促进工业、金融等产业与互联网结合，以求更高层次的发展。"互联网＋"教育即运用互联网的优势与基础，将教育发展注入网络技术，使教育产业得到进一步的优化和提升。

在线教育和"互联网＋教育"均以教育为基本落脚点，以网络技术为依托，在教育教学的基础之上开展丰富的数字化网络活动。但是，二者在概念区分上有所侧重。在线教育的基本出发点是教育，强调的是教育方式的网络化，而"互联网＋教育"指互联网和教育是两个独立的部分，强调二者是两个部分的结合。

2. 教育信息化与信息化教学

教育信息化概念指的是在信息化背景下的学习实践活动。教育信息化旨在信息化环境中培养社会工作人员的信息素养，并将信息化教学技能和方法应用于教育和教学中，以优化和提升行业信息化水平，并向更高层次发展。教育信息化在一定程度上可称为"教学的信息化"，包括教学手段、教学工具、教育评价、教学管理等与教学有关的部分。

信息化教学的主体是教学，指的是教师运用多媒体、网络等技术作用于教学的过程。信息化教学属于教学的范畴，是教师关注的主要对象，关注的主体是教师。所以，与教育信息化不同，信息化教学是教学的分支，教育信息化是教育的优化，教育信息化从更宏观的角度提供了对教育发展的认识。信息化教学则将更为精准的眼光投放到了教学这个方面。

3. 教育技术能力与信息化教学能力

教育技术能力是任何学科（包括文科，科学，医学，农业等）的教师必须具备的能力，是大学、中学的每个教师都必须具备的能力，即"如何教授的能力"。具体到英语国际教育领域，教育技术能力则可理解为教师运用教育技术进行英语教学的能力。

信息化教学能力是指教师在信息技术的支持下和现代教学理论的指导下，利用信息资源从事教学活动和完成教学任务的综合能力，其利用教育技术作为促进学生发展的手段。将教学能力"信息化"，也就是在教学活动实践中，具备了现代数字化技术的能力。相较于教育技术能力，二者的区别是：教育技术能力的范围更广，其概念范围涵盖了信息技术能力；信息技术能力仅包涵"信息"一项技术，而教育技术是相对所有学科而言的普遍技术。

本书对在线教育与"互联网+教育"、教育信息化与信息化教学、教育技术能力与信息化教学能力的概念和异同等方面进行了阐述，为本书明确了信息化教学与大学英语教学整合的前提。

二、信息化教学发展

发展是指事物由小到大、由简单到复杂、由低级到高级的变化。信息化教学的发展是指信息技术在教学中由低级应用到高级应用的变化过程，是信息技术与课程融合前进的过程。有效教学主要指经过教师的教学后，学生所获得的进步或发展。有效的信息化教学是信息技术支持下的有效教学，是在信息化教学活动中，创设有效的信息化情境，完成教学目标在效果、效益、效率方面的要求，并能进行有效评价的系统过程。因此，促进信息化教学的发展就是提高信息化教学的有效性。我们要建立判定信息化教学的有效性策略，即在实现教学目标的根本前提下，针对教学效率与教学效果的要求，综合考察信息技术与学科的融合运用。

策略是为了达到既定目标，根据预设的问题制订若干解决方案，并且在实现目标的过程中，根据形势的发展和变化来调整或制订新的方案，最终实现目标。

三、信息化教学的理论支持

（一）教育学理论基础

建构主义理论始于18世纪，是认知心理学派的重要理论之一。代表人物主要为：皮亚杰、科恩伯格（O.Kornberg）、斯滕伯格（Robert J.Sternberg）、卡茨（D.Katz）、维果茨基（Lev Vygotsky）等。建构主义的观点分为：认知的建构主义、社会的建构主义和激进建构主义。建构主义主张学习者可以通过对知识进行意义建构，在脑海中对学习材料进行加工，从而获得相应的知识。建构主义的学习活动观突出学习过程的经验互动性，强调知识的获取是灵活的。在信息化教学过程中，知识是随环境的变化而不断变化的，学习者对客观世界的认识不是一成不变的，新的知识也能够依据学习者过往的经验而构建出新的知识体系。

信息化教学环境提供了完整的获取知识的渠道和学习通路，使教学的过程并不再是简单的概念的获得，而是在已有的知识架构中构建、丰富新的内涵。

（二）能力结构研究理论

多元智能理论主张智能是在某种社会或文化环境的价值标准下，个体用以解决自己的难题或者生产创造有效产品所需的能力。多元智能强调智能是各具特色的不同种类的能力，包括语言、数理、空间、音乐、运动、社交、自知七个方面的能力。多元智能框架中，有九种构成智力结构的关键要素，这九种要素分别为：言语、逻辑、视觉、音乐、身体、人际、个人反省智力、自然观察者智力及存在智力。在信息化教学过程中，教师教学能力的发展涉及了该框架结构中的九种智力。多元智力理论认为，智力存在于个体的表现方式多样，应发展多层标准定义个体的多元智能。每个人的多元智能都以独特、复杂的方式共同地发挥作用。所以，教育的作用，尤其是信息化的网络教育，是以一个相对包容的网络教育环境，为受众提供发展多种形式智能的可能。

多元智能理论在传统智力观念的基础上对个体的智力要素进行了拓展和延伸，关注环境和教育对个体的影响，强调个体之间的差异和要素组合的重要性。

（三）"以学生为主体"的理论

教师在面对学生教授英语课程时，决不能忽略学生已经掌握的经验和知识，仅仅考虑自身的思维和储备知识的情况，强硬灌输课程知识，还需要关注学生日常生活，引导其从现实生活中积极思考，吸纳新知，总结新经验。大学英语课程教学过程中，信息化教学资源的主要应用在于利用信息化教学技术构建教学情境，帮助学生从现实情境中体会道德和法治，并且将道德和法治应用于现实生活中，最终走进学生的心中。教师在教学设计过程中，要选取合适的内容进行科学编排，设计合适的情境，用好信息化教学资源，配合其他教学活动，激发学生的交流、思考、协作，引导学生形成自己的看法和观念。在此过程中，师、生应该是平等的，教师不是控制者、主导人，学生不是接纳者和被控制人，师生应该共同探索、相互合作，如此才能更好地达成课程教学目标。

（四）情境学习理论

情境学习理论认为，学习过程除包括个体自主建构知识的活动外，还包括个体与特定环境、周围情景的作用影响，因此为了更快、更有效地建构知识体系，还需要同时关注学习者与周围情景、环境之间的关系。从其本质看，学习也就是学生参与实践活动的过程中，与所处环境、情景和他人互相作用，得到真实感官体验和知识的过程。知识有互动性，是在学习者与环境互相作用、影响的过程中逐步形成的，知识不仅仅是学习者的内在心理表征，还应该是实践结果，所以学生必须直接参与实际情境才能够形成具有实践意义的知识体系。

所谓"情境学习"，也就是想要得到什么知识就能够掌握这种知识的特殊情境，即"在哪用就从哪学"。譬如，要想掌握英语，就要去用英语的地方去学习，就要走入到英语环境中去，这样学习必然比自己一个人埋头苦学的效果要好得多。喜欢看美剧的人通常英语口语也都不错，也就是这个原因。

大学英语教学的核心目标是培养学生高尚的情操、正确的观念及端正的态度。在这个课程教学过程中运用情境学习理论，就不妨采用信息化教学形式，学生观看微视频进入特定情境体会和感悟，得到真实、直接的体验，有益于激活学生的情感体验，营造情感状态，促使学生主动思考，达到最佳学习效果。

（五）认知主义学习理论

根据认知主义学习理论，个体获取经验的过程也就是通过主动、积极加工处理信息来更新自身认知结构的过程。个体学习的目的在于将学科知识结构内化为自身认知结构。所谓"认知结构"，是指一种体现事物间关系的内部认知系统。所以，个体学习也就是将新获得的信息与已有认知结构关联，积极更新认知结构。

首先，教师应该根据教学内容，增加知识学习的趣味性和新奇性，引起学生好奇。设定的教学内容难度要适度，避免挫伤学生的学习自信。其次，教师需要设计符合学生年龄、经验能力、认知水平，适应教学内容特征的灵活的教学活动环节。最后，教师还应该提供能够帮助学生提高和改正错误的反馈信息，对学生进行引导使其积极进行反思并及时反馈，全面提高学生的学习能动性和自觉性。所以，设计动画型信息化教学课程资源时，需要提出合适的问题，引导学生思考，主动构建、更新认知结构。

第二节 信息化教学资源的开发与建设

在探讨信息化教学资源之前，为了促使广大读者了解到更多的知识，本书将先对教学资源进行一定的分析，然后在此基础上再分析信息化教学资源的运用。

一、教学资源的定义、种类与作用

（一）教学资源的定义

教学资源是用于贯彻和实施课程教育目标的。为了给教学资源下定义，首先要清楚课程和课程资源的含义。据《教育大辞典》[①]释义，"课程"是为实现学校教育目标而选择的教育内容的总和。英语 curriculum 一词来源于拉丁语 currere（意为"跑马道"），泛指课业的进程。然而，课程并不仅限于学校开设的各个学科的课堂教学。其实，课程应指学习者在学校环境中及学校组织的社会活动中获得的全部知识和经验。那么，学习者获得知识和经验的源泉（source）便是课程资源（curriculum resources）。课程资源主要来自一下三个渠道。

（1）学校内部的可以用作学习和教学的材料（instructional materials），如教科书和与之配套的教学辅助材料；还有学校提供的教学设施（teaching facilities），如教室、音像设备、图书馆、网络、校园文化（壁画、板报、广播等）。

（2）社会所提供的可用来为学校课程目标服务的教育资源（educational resources in society），如博物馆、美术馆、动物园、剧院、大众传媒（电视、广播、报刊）等。

（3）学校教师与学生自己创制的教学资源（human resources），指教师在教学过程中和学生在学习过程中所制作的材料或设施，如课件、教具、习作等。

课程资源的概念不同于传统意义上的教科书或教材。课程资源这个概念的形

---

① 顾明远.教育大辞典[M].上海：上海教育出版社，1998.

成建立在 21 世纪以来倡导的课程论的基础上，其核心思想是：从单纯注重传授知识转变为引导学生学会学习、学会合作、学会生存、学会做人，打破传统的基于精英主义思想和升学取向的过于狭窄的课程定位，而关注学生"全人"的发展（whole person development）。

按照课程目标的新思路去看，传统意义上的教科书乃至教材已不再是唯一的课程资源。一套教材编得再好也是有限的，而课程资源可以说是无限的，不受时间和空间的限制，课程设置在学校，但课程资源存在于社会，几乎无处不在。

课程资源的来源永无止境。生活即教育，社会即学校，教学做合一。笔者曾经带领学生边参观动物园边引导学生用英语谈论所见到的动物，使他们饶有兴趣地记住动物的名字和有关的形容词。然而，截至目前，大学英语教学广泛利用社会课程资源的实践还没有真正开始。

本书主要研究的是在学校内，特别是在英语课堂上为实现课程目标所采用的或可使用的各种教学资源，是狭义上的课程资源。

（二）教学资源的种类

英语课堂使用的教学资源经历了一个历史变革过程。19 世纪，京师同文馆开创了我国英语课堂教学的先河，那时教学使用的仅是由国外引进的英语课本。1898—1899 年，商务印书馆出版了中国人自己编写的教科书《华英初阶》和《华英进阶》。自此以后，特别是民国时期，英语教学有了较大发展，出版了种类繁多的教科书、读本、辞书等各种教学用书，但大体限于纸质的教学资料。

中华人民共和国成立以后，英语课堂教学主要依靠教科书，但那时已提倡使用图片、实物等直观教具，并且开始使用录音带、幻灯片和电影等，条件好的学校建立了语音实验室，出现了电化教学资源的雏形。

1978 年以后，改革开放推动了英语教育发展，社会对英语教学的重视程度之高史无前例。为了改善英语语言环境，课堂教学普遍使用电化教学手段。教室设有投影仪，可以放幻灯片或投影片（slides/transparencies），录像机逐步推广，音频和视频教学资源的供给源源不断。当时，中央和各地的电视台、广播电台连续播放英语教学节目，这对提升我国人民的英语水平产生了巨大的影响。同时，学校还设立英语广播、英语学习园地，张贴英文图表，开设英语角，成立英语兴趣组，创办英语晚会和各种英语竞赛等活动。全国各地相继出版发行了大量英语报刊，不仅提供了新闻消息和青少年喜闻乐见的信息，还提供了辅助教学和考试的资料，成为教学资源的一部分。

20世纪末,信息技术发展在教育界的势头之迅猛、普及之快,是其他任何媒体都无法比拟的。1988年,西北师范大学的南国农教授率先在国内建立了多媒体信息中心。在各学科教学中,使用信息技术最早的莫过于英语学科,因为信息技术可以有效地改善英语教学的生态环境。20世纪90年代,在政府强有力的支持下,几乎所有的学校都配备了电子计算机。计算机辅助教学(computer assisted instruction,CAI)资源的开发十分活跃。计算机辅助语言教学(CALL)资源更是层出不穷,如用电脑制作的光盘CD、CD-ROM和课件(course ware)、幻灯片(PPT),已成为课堂教学中被普遍使用的教学资源。

近20年来,信息交流技术(information and communication technology,ICT)广泛运用于英语教学,使教学资源数字化、电子化、网络化。基于云数据的网络教学资源集计算机、多媒体、数字化存储与加工、动漫、知识库、语料库、资源库等多种技术为一体,创造出优质的教学资源,并通过互联网超越时间与空间的限制使全国各地教师与学生得以共享。这解决了有的地区或学校资源不足、文化信息匮乏所带来的困难,帮助教师整合课程资源,灵活地、创造性地使用教材,提高教师的自身素养和教学质量。同时也让学生,特别是基础薄弱的学生能够直接利用这些优质资源提高自己的学习质量,从而缩小不同学校之间的差距,实现教育公平。网络教学资源为英语教学开辟了新的发展空间——虚拟空间,与现实空间(课堂教学空间)互联互通,线上与线下(online to offline,O2O)结合,极大地优化了英语教学。

综上所述,课堂上所能使用的英语教学资源绝不止教科书一种,经过百年的历程,英语教学资源至少可以归为四类:纸质的教学材料、电化教学资源、数字化教学资源和混合式教学资源。混合式教学资源指的是网络资源与现实可触摸的资源相结合的教学资源。

(三)教学资源的作用

自古以来,在中国的教育中,教科书一直发挥着极为重要的作用。人们经常把"上学"(go to school)俗称为"读书",这里的"书",当然是指学校用的教科书。教科书作为教学内容的重要组成部分、课程实施的最主要载体,在学生个体成长中扮演了主导启蒙的角色。教育可以通过多种方式塑造人,但教科书毫无疑问是主要的塑造力。莫言曾表示,他幼时失学在家,反复阅读兄长用过的《文学》课本,感到收益很大。他最初的文学兴趣和文学素养,就是那几本《文学》课本培养起来的。在英语界,不乏大师级的人物受到幼时所读英语读本的影响而与英语教育事业结下了终身之缘。例如：杨周翰在中学时学了一套《英文津逮》,（mastery of English）打好了英语基础，后来又通过林语堂的《开明英文读本》，读了英语文学作品，对英语产生了兴趣；周珏良小时候在家塾里读四书五经、唐诗，为了考中学才开始学英语，请了补习先生，用的是周越然的《英语模范读本》，进入中学以后，在教师的引导下，他读了大量的英语文学读本，从此爱上了英语。由此可见，教学资源的魅力。

在传统的课堂教学中，尤其是在私塾学堂里，教师唯一依靠的就是教科书，久而久之，教师有了"教书匠"之称。在相当长的历史时期，在以教师为中心的课堂上，教师们手持课本"教书"。那时，教师上讲台前必须"吃透"教材，以教材为唯一的教学资源。岂不知，这样年复一年地教书，越来越使教师的专业知识"退化、枯竭"，甚至"石化"；教学质量一直不能提高，往往就会出现"死教书、教死书"的可悲现象。加上长期宣传教师职业的光荣在于"甘当照亮别人、燃烧自己的蜡烛"，这使许多年轻人对教师职业望而生畏。

然而，近40年来，教育理念不断更新，英语教学理念也不断发展。英语课程强调以学生的发展为教学的出发点和归宿，课程目标是从思想情感、文化意识、语言能力、学习能力、思维品质和社会交流能力诸方面发展学生英语学科的核心素养。为了实现如此多元的课程目标，英语教育的教学观、教师观、学生观、教材观等一系列观念都需要有所转变。在我国大中小学英语教学中，这些已经发生了变化。

首先，以教师为中心的教学模式在转变，教师"一言堂"已变成师生互动、生生互动的"群言堂"。教师不只是导师，同时也是学生的合作者、促进者、评价者，还是学生的伙伴。学生不再仅仅被动地接受教师和教材所传递的信息，他们是学习的主人，能够主动参与学习的一切活动，运用交际和资源策略，通过多种渠道获取学习资源。其次，教师已不再是教科书的奴隶，而成为教学资源的主人。教师要根据学生的兴趣和需要选择教学资源，并灵活地、创造性地整合与使用教学资源。现在，师生已不满足于眼前的教科书和其他教学辅助材料，网络教学资源已大大拓宽了他们的视野，他们甚至开始运用信息技术自己开发与学习校本课程资源。

这样一来，教师由传统意义上的"教书"变成"用书教"，进而发展成使用甚至开发教学资源来"传道、授业、解惑"。他们不再是知识信息的唯一传递者。学生由单纯"读课本"变成在教师的指导下利用教学资源自主学习，培养终身学习能力。借助网络教学服务平台，无论是教师还是学生都不会满足于教材所提供的知识与信息。未来的教师在取之不尽的海量教学资源的辅助下，专业知识和教学技能必然会不断更新，专业水平也会随之提高。他们将不再是被燃烧殆尽的"蜡烛"，而将不断充电，成为永放光芒的"灯塔"，照亮学生通向智慧的航道。

在现代教育思想的指导下，教学资源对教与学的作用显然超越了单纯教科书或教材所能起的作用。

二、信息技术引发教学资源的变革

（一）教育信息化发展的要求

现今社会早已步入了数字信息时代，各行各业都广泛应用了信息技术，由此引发了具有颠覆性的技术革新，教育行业概莫能外。因此，以网络视频形式出现的信息化教学也逐步变成教育领域的重要课题。教育部于2010年制定了《国家中长期教育改革和发展规划纲要（2011—2020）》，第一次将"教育信息化"列入"国家信息化发展战略"之中；而在2014年推出的《构建利用信息化手段扩大优质教育资源覆盖面有效机制的实施方案》中，更是明确要求在教育领域广泛应用现代信息技术，更进一步共享优质资源。信息化教学是一种有别于其他各类教学资源形式的新资源，这种资源对于我国利用信息技术建设教育工作起到了重要的促进和推动作用。我国研究人员和一线教师对于怎样在实际学科教学过程中使用信息化教学开展教学都有不少研究，在许多方面收获了巨大成就。现在，教育界人士普遍认为教育信息化将会引领未来教育事业的发展。信息化教学是将信息技术用于教学的新方法，也是教育信息化发展的重要表现。所以，设计信息化教学及设计开发信息化教学资源的能力是教师未来开展教学的必备技能。

现代化信息技术快速进步发展，为进一步推进教学工作提供了新契机，必然需要教育信息化资源。笔者在生活和学习过程中就已经接触了许多信息化教学资源和工具，各种类型的在线辅导、学习工具，各种基于移动互联网的体验式教学方法等。其中，信息化教学内容最为丰富、形式最为生动，再辅以教师的热情讲解，能够营造出生动活泼的课堂氛围。信息化教学主题明确突出，内容丰富而且新颖，与其他微视频形式的教学资源相比有很大差异。结合目前整体化、信息化、活动化、情境化的特点，我们的教育更加追求效率，人们也逐步表现出对于信息化教学形式的偏好。后期笔者对此教学形式进行了深入探讨研究，已有一定认识。信息化教学形式主题明确、重点突出，是一种非常新颖的教学资源，在学科教学中也得到了大、中、小学教师们的一致认可。

（二）信息化资源的应用发展过程

1. 教育技术发展引发的教育革命

回顾人类教育的发展史，社会形态的更替和媒体技术的发展一直是推动教育发生变革的根本力量。迄今为止，人类社会经历过三次教育革命，目前我们正在见证着第四次教育革命的发展和演变。第一次教育革命发生在原始社会向农业社会的过渡期，标志是文字的出现和知识传承；第二次教育革命发生在农业社会，标志是造纸术、印刷术的发明和教师授业；第三次教育革命发生在工业社会，标志是班级授课制的推广及电化教学的出现；第四次教育革命发生在当今的信息社会，产生了以计算机和互联网为代表的信息技术，正在引发教育系统的全面变革。基于班级授课制，以教师为中心、教材为中心、教室为中心的重视传授模式逐步让位于基于广泛学习资源，以学生为中心、问题为中心、活动为中心的能力培养模式。

截至2019年6月，我国网民规模达8.54亿，手机网民规模达8.47亿，农村网民规模为2.25亿。而且，我国在线教育用户规模达2.32亿，占网民总数的27.2％。计算机、平板电脑、电子白板、宽带互联网等信息化设备基本配备到了各级学校。近40％的学校已实现全部应用数字教育资源开展课堂教学。早在2015年11月19日第二次全国教育信息化工作电视电话会议召开时，国务院副总理刘延东就在会议上指出，"十二五"以来，教育信息化成绩显著，"宽带网络校校通""优质资源班班通""网络学习空间人人通"三项工程取得突破性进展，教育资源和教育管理两大平台全面应用，有力促进了教育改革和发展。她强调，"十三五"时期要大力推进教育信息化，运用现代信息技术，让农村、边远、贫困和民族地区的孩子们共享优质教育资源，缩小区域、城乡、校际差距。对此，大学要提高教师运用信息技术的能力，创新教育理念和教学模式，提高人才培养质量；要把握"互联网＋"潮流，通过开放共享教育、科技资源，为创客等创新活动提供有力支持，为全民学习、终身学习提供教育公共服务；要推进学生、教职工、教育机构等管理信息系统建设，形成覆盖全国、互联互通的云服务体系，深化改革、创新机制，提升教育治理能力。

2. 20世纪末以来的信息技术在英语教育中的运用

20世纪末以来，信息技术的运用也在英语教育领域引发了全方位的变革，除了使英语教学资源立体化、数字化、网络化，还使教学、评价、教学研究、教师发展等各方面均发生了变革。

（1）教学模式的革新

信息化正在为人类开辟新的发展空间——虚拟空间，线上虚拟空间与线下现实空间的互联互通，大大优化了英语教育的生态环境。在中国学习与母语差别极大的英语之所以非常困难，最主要的原因就是缺乏英语的语言环境，在我国中西部地区和农村尤其如此。但是，"互联网+"突破了时空限制，使在世界任何地方的学生都能运用优质的英语教学资源。这就是说，学生听到的是地道的英语语音、语调，看到的是以英语为母语的人士怎样使用英语，读到的是大量的经典原文著作，接受的是优秀教师的传授。这无疑为实现教育公平创造了条件。

信息技术将英语的纸质教材变成海量的在线资源，这使教学出现新的发展态势：微课、慕课、翻转课堂和创客。

微课（micro teaching）的核心组成部分是课堂教学视频，有整节课教学设计、课堂教学实录，有特定项目（如口语或写作、词汇或语法）的教学课例片段，有与主题相关的素材课件，也有练习、测试、学生反馈、教学反思、教师点评等教学资源，可供教师选用。

慕课（massive open online course，MOOC）是大规模在线开放课堂，由优秀的教师任教，有助于优质教学资源广泛共享。21世纪初，中央电化教育馆组织优秀英语教师摄制大学和初中英语的课堂教学录像，并通过电视台在全国播放。学校必须转录后才能进入课堂。现在，只要开通网络，随时随地可以下载国内外的在线慕课，这有利于外沿教学国际化和信息化教育生态的形成，能促进教育公平和学习型社会建设。

翻转课堂（flipped classroom）是在信息化环境中，教师提供网络教学资源，让学生课前观看教学视频和学习，课堂上师生一起完成作业答疑、协作探究和互动交流活动的一种教学模式。这种模式翻转了先由教师讲授再让学生练习的传统步骤，从单一的课堂听讲，变成课前预习思考，课堂提问讨论，能够更好地调动学生的学习自主性。

创客（maker）指借助开发软硬件制造出创新产品的科技人员或人群，在学校里则指那些根据教学实际需要开发教学资源的教师和学生。他们创造出来的教学课件、微课、慕课等为教学带来了勃勃生机。

教师利用云数据既可分享优质教学资源、提高教学效率、提升自身的专业水平，又可以利用信息技术开发教学资源，以更好地适应学生的需要。即使落后地区的学生也能听全国乃至世界名师的课，并能在"云端"上与名师互动。可以想象，学生的学习兴趣必然倍增，自主高效的学习成为现实，他们的潜能将得到充分的发挥。当然,"虚拟课堂"要与现实课堂相结合。没有学校教师的组织和辅导,光靠"云端"教师是行不通的。

(2)教学评价的革新

智能化混合教学为完善评价体系、促进学生发展提供了平台。英语课程评价体系要有利于促进学生综合语言运用能力的发展,要通过采用多元优化的评价方式,评价学生综合语言运用能力的发展水平,并通过评价激发学生的学习兴趣,促进学生的自主学习能力、思维能力、跨文化意识和健康人格的发展。评价体系应包括形成性评价和终结性评价。

智能化评价体系可实现学生自主作业测试,机器自动记录学生作业完成情况和测试成绩,掌握学生的进步情况与存在的问题,建立学习档案袋。这就减轻了教师的负担,学生进行人机对话,也可以降低焦虑。智能化评价能够记录学生的成长过程,不断肯定和鼓励学生的进步。学生受到鼓励,获得成功感,树立自信心,这充分体现了评价体系以学生的发展为目的。

互联网促进教师与教师、教师与学生、学生与学生、教师与家长之间的信息交流,有力地实现了评价多元化,彻底改变了仅凭教师的印象评价学生的状况。这样的评价不仅可以关注学生的语言知识和语言技能,还能对学生的情感态度、学习习惯、学习策略、思维方式、身心发展等给予全方位的关注。

智能化混合教学还提供了语音识别系统、人机对话、虚拟教师辅导、一对一地纠正发音、口语评分等服务。这样一来,不但可以进行听力测试,也可以进行口语测试,这为解决"聋哑英语"的难题创造了条件。

"互联网+"评价有利于教师及时了解教学效果,使他们能够迅速调整教学计划和教学方法,以提高教学的效果。

(3)促进教学管理、教学研究和教师发展

"宽带网络校校通"记录着每所学校的故事,各种数据源源不断地汇聚到教育资源、行政管理、教师发展数据中心。教育管理部门对这些云数据进行分析,形成各种报告,如学校的评价体系、课业负担、软硬件设施、信息化投入等,所有信息公开透明。有了大数据,决策依据更具科学性,更符合教学规律;学校之间相互学习,你追我赶,出现了热烈的学习气氛。学校安装了信息管理系统,把高清摄像机装进了教室,班主任通过手机即可查看班级情况。学校开发的德育管理系统记录学生的行为习惯、纪律及出勤等多项指标,期末时会自动传递到学生的"发展报告书"中。

"互联网+"可使教师不出校门便能开展校际教学交流活动,向名校名师学习,发现差距,开阔思路,提高教学研究水平。线上的教师培训可突破地区界限,同时让千万教师接受培训,并能与培训教师互动。国内外的教育网站提供了大量的电子书,可供教师选读;还提供了优质的慕课,可供教师听看。这些对教师发展(teacher development)所发挥的作用是前所未有的。

3. 英语网络教学资源的开发

英语网络教学资源的开发起步于21纪初。起初主要以教科书为依据,围绕教什么和怎样教、学什么和怎样学,输入了大量的教学资源,形成了云数据和资源库。英语网络教学资源有以下优势。

(1)改善大学英语教学语言环境

网络教学资源将文字、声音、图片、动漫等融为一体,使教材立体化,为外语教学提供了较为真实的虚拟语境,从而使学习过程变得生动有趣,并能很好地帮助学生通过语境化的语言输入感知、理解语言;同时可以多层次、多角度地呈现教学内容,使学生形成视觉和听觉等感官上的刺激,帮助学生在学习过程中建立情境与语言之间的联系,帮助他们更加有效地掌握和运用所学语言。

(2)为教师的教与学生的学提供强有力的支持

网络教学资源集计算机、网络、多媒体、数字化存储、数字化加工、语料库、知识库、资源库等多种技术为一体,为教师的教与学生的学提供了强有力的支持,而且可以促进教与学的互动。网络教学资源库不仅为学生提供丰富多彩的听、说、读、写、看、译、背诵、词汇、语音、语法等学习资源,还为教师提供了教学设计方案、课件、习题和拓展资料,为学生提供泛听和泛读的材料、布置作业、进行个别辅导、记录学习情况、做学习档案等,也为教师、学生与家长提供联系和互动的平台。

(3)有利于学生自主学习和评价

网络教学资源有利于激发学生的学习兴趣和动机,调动学生学习的积极性。通过人机互动,学生可以进行个性化学习,运用学习策略,开展课内外自学或合作学习,优化学习过程。学生在与机器互动时更加自如,还可以得到"虚拟教师"的帮助与鼓励;在遇到疑难问题时,他们可以迅速查找答案;当他们语音或拼写出现错误时,电脑也可以帮助纠正。网络教学资源提供的评价体系可以对学生的学习行为给予及时的反馈,并进行记录与统计,开展发展性的评价活动。

(4)资源共享,互动交流,减小差距

网络教学资源所提供的优质资源可为各地教师提供共建共享的平台,解决有的地区或学校资源不足、文化信息匮乏所带来的困难,帮助教师整合课程资源,灵活地、创造性地使用教材，提高教师的自身素养；同时也让学生，特别是基础薄弱的学生直接利用这些优质资源提高自己的学习质量，从而缩小校际间的差距，实现教育平等。

学生利用网络学习，能够摆脱时间和空间的约束，超越课堂、教材和教师，随时随地按需选择教材和教师学习。这可使他们从接受一次性教育向终身学习转变。教育也将从"传道、授业、解惑"真正向"知识的继承、传播、使用、创新"转变。

通过以上的论述，我们可以知道教学资源指的是服务于教学活动的各式素材，比如课件、教具、教材、教学设施、多媒体资源、案例等，甚至教育政策、教学环境、管理规范等。在广义上，教学资源涵盖了教学相关的一切要素，涉及人、财、物、信息等方面；在狭义上，教学资源指的是教学环境、教学材料及教学后援系统。

而信息化教学资源，按其呈现方式的不同，主要有在线学习管理系统、数字视频、数据库、多媒体工具、音视频资料、教育网站、网上论坛等多种类型。归纳来讲，信息化教学资源指的是围绕学生特征进行设计的，经过数字化处理而能够在网络条件下或者多媒体工具上进行运行及共享的，以供学生自主、合作学习的多媒体材料。信息化教学资源能够配合学生的自主学习和合作学习，同时鼓励学生的创造行为，整体上促进了学生的数字化学习过程。

三、信息化教学资源设计开发原则

大学英语教学中使用的信息化教学，要求对课程知识点进行细分，确定主题，同时以此主题为核心开展信息化教学设计工作，这也是发挥教学过程中这一资源功能作用的基本条件。对于信息化教学不应该随意选择和设计，而应该基于对学科进行深入、细致的分析，结合教学现实进行认真权衡思考确定。本书总结了适用于大学英语信息化教学设计的几大原则，具体有以下几方面。

（一）科学性原则

开发设计信息化教学不应该偏离心理学、教育学等有关学科理论，需要对诸项教学和教育因素进行分析，然后再有针对性地完成信息化教学设计工作，如此才能够发挥这一资源的作用。这一原则要求目标设定合理准确，内容选择有针对性又不单调，教学方法选择要科学，结构和活动设计恰当，制作呈现方法灵活。相关学者认为，学生最能接受的是简洁、生动、丰富的教学内容，同时强调不管何种课程都应帮助学生建立基本的学科知识架构。针对大学英语开发设计信息化教学时，也要将这一课程的基本结构作为核心内容。

（二）实用与目的性原则

实用主义教育理论重点强调了教育的目的性和实用性，实用主义教育理论认为，目的往往与结果有密切联系，目的是能够预见的活动成果，也给活动指明了方向。相对学生来讲，信息化教学是否实用，主要看学生使用信息化教学学习的效果是否有利于学生获取知识，是否有利于学生培养正确的态度和积极的学习情感。大学英语学科非常庞杂，内容广泛涉及学生生活、学习的各方面，并不是全部教学内容、活动环节均适用于信息化教学这一形式。考虑到信息化教学的定位是与生活情境有密切联系的辅助性教学资源，因此在开发与设计过程中也要倍加关注实用性、目的性这两大基本原则，根据教学重点、难点来选定内容，还需要对学情进行深入研究，必须基于学生认知水平、生活现实经验等为所有学生开展个性学习提供帮助。

（三）趣味性原则

兴趣是所有具有特定目的的内在行动力，兴趣是最好的教师。信息化教学既然是教学的辅助资源，使用信息化教学的主要目的在于逐步激发学生学习的自主性和自主能力，为传统枯燥乏味的教学加入一点"兴奋剂"，所以其设计与开发都理应遵从趣味性原则，贴合学生生活现实。从开发与设计角度看，这一原则主要表现在教师言语表达的幽默性、风趣性、设问的精确性及情景设计的灵活性等几方面。

四、大学英语信息化教学资源设计开发策略

（一）按照课堂流程进行设计

（1）课前翻转方面，即利用线上课堂来及时为学生推送信息，督促他们及时完成课前预习任务，包括观看相关的视频资源和展开适当难度的小测试，以及头脑风暴和答疑探讨等板块在内，都可以引导学生结合问题来提升自主学习成效。

（2）课堂增效方面，在此期间，要求教师大力应用线上课堂的互动功能和翻转课堂的思想准则，来适当遏制传统课堂讲解的弊端，令学生不至于产生懈怠、厌倦的心理，同时激发他们更强的自主参与意识，缓解长期以来的紧张、恐惧

心理。

（3）课后巩固方面，归根结底，就是借助线上课堂的课后回放功能来辅导学生复习，令他们可以随时随地进行有依据的复习。

（二）注重知识的整体化

知识的整体化是针对知识的碎片化而言的，强调知识的结构化、整合化，防止知识的孤立化、片面化，是将知识转化为核心素养的基本要求。整体化有以下三个方面的含义。

一是联系。联系，强调的是关联，而不是孤立。

联系被认为是万事万物得以存在与发展的条件。相互依靠才能共存，事物的存在和发展取决于它与其他事物的关系。和谐关系是每个事物得以生存的必然条件，只有和谐配合才能发挥最大效应、达到最佳状态，万物的存在和发展是这样的，知识的存在和发展也是这样的。

二是组织。组织，强调的是建构而不是复制。

组织就是结构，学习就是知识的结构，不同情境下的知识形式，都是有本质区别的，这种本质区别主要表现在知识本身的，或者说原有的价值意义表达方式、内容要素和结构形式等方面。因此，教育形式的知识是经过重组、整合、改造和转化，从而形成的富有教育意义、适合学生理解和掌握的知识内容和形式。

三是整合，整合强调的是化学反应，而不是物理反应。

从课程的角度而言，整合意味着统整，从统整的性质和层次来说，可以分为以知识联系为纲的统整、以主题为纲的统整和以核心素养为纲的统整三个层次。大学英语课程以主题为纲的统整，以学生的经验、个体和社会需要为基础，以问题为核心进行课程整合，可做到书本知识与实际体验的有机统整，活动时空上向自然环境、学生的生活领域和社会活动领域延伸，密切学生与自然、社会、个体生活的联系，使学生在此过程中建立系统的思维方式，体验知识之间的联系。

（三）内容化、情境化策略

大学英语信息化教学资源在内容的选定上，首先要选择适合学生的内容，这样的教学意义符合学生的性格发展特点，在内容描述的时候，能够充分地被学生理解和接受，教学内容在节奏情感上符合学生的认知特征。其次要选择科学、合情、合理、可信的内容，叙事逻辑要恰当。同样的内容，用不同的叙事逻辑讲述，会有不同的效果。可以根据需要用情境—冲突—疑问—回答；注意—需求—满足—前景—行动；问题—原因—方法；顺序、倒叙、插叙等安排结构。在材料选取上，要尽量选具有传统性、时代性、理论性与创新性特点的案例，同时案例资源要尽量选具有传统性、时代性、典型性等特点的素材。在选材时间上，可以选取当下及近期发生的时事热点内容，更容易激发学生参与思想政治课程教学活动的积极性。同时，可以挖掘中华优秀传统文化的教育价值，如国学故事、民俗风尚、非物质文化遗产等，可以增强学生对中华优秀传统文化的理解力和认同度。

（四）运用讲解型教学视频

讲解型教学视频是通过图画、文字、视频、动画及讲解者的音频来呈现的。针对所学习的英语学习内容给出案例，讲解者可对案例进行分析，引导学生分析解决问题的思路，了解和掌握解决问题的方法。讲解者可提出支架式问题，供学生分析解决；教师也可给出学生不同的看法和解决办法，让学生进行分析判断，给出案例让学生自己解决处理。讲解型教学视频中讲解者的身份选择和形象呈现、指向线索呈现方面要选择能直接对学生的注意力、沟通互动、参与感、认知负荷、学习效果、学习满意度产生影响的内容。讲解者出镜的效果比不出镜的效果会更好，真人讲解比代理讲解的效果会更好。讲解者身份选择要以教师为主，利用专业人士、专家、榜样、名人的影响效应，增加学生的信服感和专注力。

在讲解者的形象呈现方面，讲解者应位于画面的右侧，左边展示内容；必要时呈现特写或中、近景；呈现比例根据呈现的内容多少调整。为了让学生更好地理解，在讲解者行为呈现方面，讲解者身体应朝向正面、侧面等不同角度，讲解时多用指示性或描述性手势；目光注视除了直视，还要有引导性；面部表情要积极；重要信息要有箭头或颜色高亮等标记来加以突出、强调，关键字幕可动态呈现。

第三节　信息技术与英语教学的整合

一、以互联网为平台

通过之前的论述我们可以知道，教学信息化是指在教学中应用信息技术手段，使教学的所有环节数字化，从而提高教学质量和效率，以现代教学理念为指导、以信息技术为支持，应用现代教学方法的教学。在信息化教学中，要求观念、组织、内容、模式、技术、评价、环境等一系列因素信息化。而大数据时代下的教学活动，一般都还是以互联网为平台，以大量的数据化信息作为技术支持，形成数据化的英语网络教学平台。

二、提高教师的信息化教学能力

对于大多数学生而言，他们认为英语教学并不是很重要，基本能够应付考试就足够了。从目前的教学情况来说，有些学生利用大数据的信息技术进行娱乐，如打游戏、购物、刷短视频等，而用于学习的并不是很多。这样的学习意识会严重影响学生对英语的认识和学习，也阻碍了英语教学的进度。大数据时代给予了我们形式多样的教学资源和平台，为教学提供了很多便利条件，教师应该重视和给予学生指导，提高信息化教学能力。

由于我国在信息化教学研究领域对于信息化教学能力的概念定义方面未形成统一的界定，本书结合各种观点，对信息化教学能力的概念进行如下阐述：信息化教学能力是指英语教师在信息技术的支持下，运用信息化教育技术对英语教学内容进行制作加工及开展信息化教学活动的综合能力。信息化教学能力的要求与传统教学不同，涉及的维度更广泛，包括教师的信息技术能力、教学观念和理论的提升、教师专业能力的发展等。信息化教学不仅对教师的信息技术能力提出了要求，对教师的教学手段、教学理念、教育融合性思维都有一定的要求。信息化教学能力是教师在新时代背景下应当掌握的一种基本职业素养。

英语教师的信息化教学能力是指结合英语学科的专业要求，在"职前准备阶段"通过定期的培养和练习，掌握并具备运用一定的信息技术进行备课、授课、教学评价和教学监督的能力。英语教师的信息化教学能力中，"英语教师"是教学能力的主体，"信息化"是教学的实现路径，"教学"是英语教学的核心。与入职稳定期的英语教师不同，英语教师在职前准备阶段的能力形成特点是成长型，具有动态上升的发展特点。处于职前准备阶段的教师因未形成稳定的专业知识结构和能力结构，对新技术的渴求和创新观念更为突出，掌握新技术的效率和水平相对较高。

三、信息化教学资源的使用建议

为方便师生使用信息化教学资源、提高教学效率，笔者认为有必要给出使用信息化资源的建议和方法。信息化教学过程分为课前、课中、课后三个阶段，信息化教学资源也分别在这三个阶段得以应用。不过，相同阶段师生运用的教学资源并相不同。

（一）课前阶段

按照自主学习任务清单上列出的内容和任务，学生自主运用平台上的资源进行学习，课前自主学习完成任务，在此过程中将所遇问题上传提交到平台上，便于教师及时反馈。学生需要根据"学习指南"部分的指导，明确本次课程学习的主要内容，譬如课程核心内容、课前学习目标、本课重点、建议采用的学习方法等；接着学生需要根据"课前任务"部分，通过仔细观看信息化教学资源来学习新知识，并尽可能多地将课程知识内化为自我认知。课前教师需要深入研读、剖析课程标准要求，完全理解和掌握学习内容，借鉴、参考其他教学设计对，自身教学工作进行设计创新，对教学活动环节做出合理安排，以便更好地完成备课工作。

（二）课中阶段

学生可将课前出现的困惑和问题，在课上通过听课、自主探究、小组合作解决，教师应该从方法上指导学生，并服务好学生，保证树立开展合作学习的顺利开展，对学生不能处理解决问题的解惑答疑。针对重要知识，教师可用PPT做系统介绍阐述，在此过程中需要通过设问引导学生强化思考学习。

（三）课后阶段

学生可用拓展学习资料理解所学知识，拓宽自身视野，激发学习兴趣。运用思维导图能够帮助学生梳理章节知识体系，以免头脑内的知识杂乱无章。学生学完知识之后，可用习题自测，查漏补缺。

四、教育生态学指导下英语信息化教学

（一）理论指导下大学英语信息化教学的生态平衡

如何在信息技术条件下实现教学理念、教学手段、教学资源、教学评估的多样化，助力大学英语课堂的教育生态平衡是本书探究的重要话题。

教育生态学指导下的大学英语信息化教学模式是微观层面的教育生态学，也可直接理解为课堂生态学的具象表达。教育生态学指导下的大学英语信息化教学

模式是教师、学生、教学设施、教学内容的有机平衡整体。大学英语信息化教学强调教学设施、教学内容、教学方式、教学理念的开放性、创新性，注重教学资源的丰富性，强调学生的自主性、实践性，为教学提供了环境因子。而大学英语课堂中最重要的生态因子是教师和学生，教师和学生的相互关系促进了英语课堂的开展，因此教师和学生二者关系的改变影响着信息化环境下的大学英语教育生态平衡。即教育生态学视角下的大学英语信息化教学需要教师将自身传统的讲解角色，转变为教学设计者、学习引导者、知识分享者、教学评估者等，同时需要学生转变为知识的主动接收者和主动参与者。在教师和学生关系转换的背景下改变教学环境、教学理念、教学手段、教学模式等多种生态因子，能有效实现教育的生态平衡，助力输入与输出的平衡。

（二）大学英语信息化教学的应用策略

大学英语课堂的教学改革一方面需要以现代信息技术、大数据、智能化系统为支撑，助力大学英语信息化教学，实现教与学的生态平衡；另一方面，大学英语教学需要创新改革，创新教学理念、教学目标、教学环境、教学资源、师生关系、教学评估等，实现教学生态系统的高效、良性循环，最终落实大学英语信息化教学的生态效益。

1. 注重教育目标和学生需求的平衡

教育生态化倡导"以生为主"的现代教育理念，倡导建立自主、灵活、全面、和谐的学生发展平台。教育生态化理念下的大学英语信息化教学，需要追求教育目标和学生需求间的平衡。一是英语教师要创新自身的教育观念，明确自身组织者、引导者、评估者、分享者的角色，给予学生自主学习、自主探究的机会和平台；二是教师要更新教学理念，活用信息化教学方式，与时俱进地借助微课、慕课、多媒体课件、智能化云教学平台、翻转课堂等，为学生创设满足其需求的英语信息化教学环境；三是落实教学目标，以生态化为前提结合学生主体，引导并鼓励学生在思考、分析、质疑、探究、实践中学习知识、掌握技能、培养核心素养；四是注重教学反馈，注重个性化、素质化、德育化教育，注重教育过程中师生的平等共生关系，实现教育目标与学生需求、教育环境与学生需求、教学主体与学生需求之间的教育生态平衡。

2. 改革教学方法来平衡师生关系和生生关系

教育生态化理论下的大学英语信息化教学要注重教与学关系的转化和平衡，注重教学方式下师生关系和生生关系的教育平衡，在充分利用信息技术的基础上，实现师生、生生等生态主体的平衡和英语课堂生态平衡的构建。一是教师要改革教学方式，运用多种信息技术展开教学，通过合作式学习、探究式学习、游戏化学习、多媒体情境教学、戏剧扮演式教学等方式，实行线上自主学习、课中合作探究、课后测试巩固的大学英语教学模式，落实以教师为指导、学生为主体的师生关系，探讨师生关系的平衡；二是教师在大学英语信息化教学中，结合课堂报告、小组测试、角色扮演、辩论演讲等方式，辅助微课、慕课、智能化云教学平台等，在分享英语网络资源、发送英语测试报告的同时，引导学生主动构建知识、接受知识、搜集信息并建立合作，实现生生关系的自主、合作、探究和教育生态平衡。

3. 实现信息手段和教学素养的平衡

信息化环境下英语教学资源多样化且丰富化。教师理应优化教学资源，落实信息手段和教学素养的平衡。教师需要多搜集材料，运用文本、音像材料、多媒体视频等契合教学目标、教材内容的相关英语资源，辅助英语教学。一是教师结合智能化云教学平台和相关软件，引导学生熟悉学习流程，借助平台的交互、批阅、分享、反馈等功能，加强与学生的在线互动，了解掌握学生的学习情况；二是制订学生的英语信息化学习规定，将英语知识与技能、学生素养和教师素养纳入教学评价，改革英语教学模式，实现形成性评价和终结性评价，结合笔试、口试、平时成绩等来了解学生情况；三是落实评价主体的多元性，实现评价主体与英语信息化教学间的平衡。评价以学生自评、生生互评、小组互评、师生点评等为主，从单一的知识评估转变为知识、技能、素养的综合全面评估，从传统的纸质测试评估转变为课堂点评、机考等测试评估，更为关注学生的学习过程、学习态度、学习知识技能、职业素养，考查教师的教学能力、教育素养等，实现信息技术和教学素养之间的平衡。

总而言之，教育生态学与大学英语信息化教学的有机融合，有助于落实教育教学输入与输出的平衡。通过创新教学理念、改革教学方法、优化教学资源，实现教育目标和学生需求间的教育生态平衡，落实师生关系和生生关系间的教育生态平衡，完成信息教学手段和教学素养间的教育生态平衡，进而助力大学英语课堂的教育生态平衡，实现教学理念、教学手段、教学资源、教学评估的多样化，有助于大学英语信息化教学的可持续、动态平衡性、个性化协调发展。

第五章 大学英语教学评价体系的建设

本章对于大学英语教学评价体系的建设进行了分析，主要从英语教学评价的内容与方式、英语教学评价体系的构建两方面出发展开了具体的分析。

第一节 英语教学评价的内容与方式

一、英语教学评价的相关概念

英语教学评价是教学评价者基于全面、系统和科学的原则对英语教师的教学或者学生的学习进行信息收集和分析，同时针对英语教学中的某一元素，进行价值上的判断，最终的目的是更好地优化、改善英语教师教学或者学生的学习质量。根据这个定义可以总结出四个方面的含义：英语教学评价的对象可以是英语教学当中的任何一个元素，既可以是教师或学生，也可以是教学中的某活动和现象；英语教学评价的本质是对教师的教学或者学生的学习进行判断；评价手段要基于全面、系统和科学的原则，运用统计、分析等手段对信息进行收集和分析；评价的目的是更好地优化、改善英语教师的教学或学生的学习质量，因此英语教学评价在发现当前教学问题的同时，也要对下一步如何更好地发展做出努力。

一般意义上教育范畴的教学评价并不能完全适用于英语教学评价，因为英语教学是将英语作为第二语言进行教学，英语教学作为一门单独的学科有其独特的学科特点和性质。从评价范围方面看，英语教学评价的评价范围主要是在目的语或非目的语国家将英语作为第二语言教学时的教学评价，其范围更加集中；而教育评价的评价范围更加广泛，包括多种学科和单位。

二、英语课堂教学评价

在英语教学领域，大纲的设计、教材的编写、课堂教学和教学评价四个方面被认为是英语教学最重要的四个环节。其中，课堂教学是最为关键的环节，其他三个环节都是为了更好地进行英语课堂教学而进行的，教学大纲和教材都是服务于英语课堂教学的，而教学评价也是为了对英语课堂教学进行监控并进行进一步优化的。对英语课堂教学进行的评价是包含在对英语教师的评价当中，本书主要对英语课堂教学中英语教师的教学进行评价并进一步进行研究，对于课外进行的一些活动和教师科研方面的能力等方面都不进行评价。

（一）英语课堂教学评价的目的

通过英语课堂教学评价，教师和学校的教学管理者可以通过评价体系各项指标得分所反映出来的结果，及时发现英语课堂教学中存在的问题，教师可以及时对自己的课堂教学做出改进与调整，学校的教学管理者则可以对教师的教学给出优化建议并进一步对于学校的英语教学发展做出更好的决策。因此，英语课堂教学评价的目的就是为学生、英语教师、学校教学管理者提供更好的服务，不断优化和改进英语课堂教学。

（二）英语课堂教学评价的作用

英语课堂教学评价具有以下五种作用：

第一，导向作用，可以指引评价对象不断向英语课堂教学的各个目标靠近，如在英语综合课中，教师对于教学法的合理运用也是一项重要的评价指标，这个指标的设立会使得英语教师在选择教学法时，注重教学法与教学内容、教学对象等方面的匹配度；

第二，鉴定作用，对评价对象在教学、学习上的能力、优势与不足等方面进行判定；

第三，诊断作用，通过评价所获得的信息，及时改进与调整弊端，鼓励与强化优势，进而更好地把控整个英语课堂教学环节并使其不断向好的方面发展；

第四，调控作用，被评价对象可以通过评价结果及时了解自身存在的劣势与优势，继续发扬优秀方面，改进优化不足方面；

第五，激励作用，课堂教学评价的结果可以使被评价对象在精神上产生一定的动力。

（三）英语课堂教学评价的特点

英语教学主要是在目的语或者非目的语国家，将英语作为非母语教学，因此在实施英语课堂教学评价时，评价者和被评价者都可能会有不同的文化背景、思维习惯、价值观及不同的英语水平，因此也就会面临着跨文化的情况。例如，外国教师对中国学生进行评价、中国学生对中国教师进行评价，或者中外英语教师相互之间进行评价，这些都算是一种跨文化的评价方式，自然也会因此使评价结果产生一些偏差。例如：当一名英语教师同时对不同的学生进行教学时，由于学生的背景不同就会产生不同的评价结果；如果让学生们同时对英语教师的教学进行评价，其评价结果也会受到不同的文化背景等因素的影响，进而产生差异。

（四）传统英语课堂教学评价的理念

由于对认知目标达成的侧重，传统课堂教学评价更关注教师的教学水平如何，评价方式也比较简单，通常以教师为"主角"，学生为"配角"。教师的教学设计围绕着认知目标，课堂教学评价则以学生对这些认知目标任务的完成情况为中心。教师期望学生按照预想做出回答，课堂教学评价则看学生是否在教师的引导下得到预定答案。教师关注问题结论和知识的传递，课堂教学评价则看学生是否从教师那有效接受思维方式和知识结果。教学过程和课堂教学评价一一对应，为了达到既定效果而进行。

（五）英语课堂教学评价的常用方法

1. 定量评价

定量评价是将评价指标数量化，使用数学、统计等方式把评价所得的结果进行处理与分析，并对其进行定量方式的判断进而得出结论。这种方式具有更高的科学性和较强的说服力，同时随着教育评价学、教育统计学等学科的发展，定量评价的评价方法在英语教学界也逐渐受到重视和应用。

2. 定性评价

定性评价不同于定量评价，其主要是通过对评价对象的表现、状态的观察及一些资料、记录等对评价对象使用语言进行描述和判断，给出定性结论。例如，英语教师为英学生填写评语。对于英语教学中由于其复杂性而难以进行数量化的因素，一般就会采用定性分析的方法。

为了同时保证英语教学评价的全面及客观性，对于定量分析或定性分析都不能过分地追求和排斥，要根据实际情况把定量和定性两种方式有机结合到一起。

三、英语课堂评价的理论基础

（一）建构主义理论

传统的课堂教学以教师的"教"为主要方式，强调教师必须按照提前设定好的步骤和程序进行教学，缺乏随机的生成性与动态性。长久处于这样的课堂教学情境中，学生的认知与思维被牢牢地束缚在教师的预期与掌控之中，很难有独立性与创新型思维的发散。与传统课堂教学不同，建构主义理论下的课堂教学观强调每个学生都是具有独立性的个体，学生对知识的接受与学习都是基于学生个体的亲身经验所主动建构的，学生只有在理解的基础上才能真正地掌握知识。因而，建构主义理论认为，在角色定位层面，教师应努力使自身角色由传统的权威者转变为与学生共同学习、进步的合作伙伴，以帮助学生积极主动地获取知识的深层内涵与意义。在这个过程中，教师应通过努力为学生创设一种适合于他们主动探究、学习并能够激发学生求知欲的真实情境，从而使学生的意义建构更为有效，引导学生学会主动学习、主动探知。

因此，在对大学英语教师的课堂教学进行评价的过程中，不能仅仅将教师向学生传授了多少知识、学生增长了多少技能作为评判依据，还应当侧重评价教师在教学中是否真正激发了学生的有效参与、是否充分地发挥了学生的主体性、是否促进了学生对知识意义的有效建构。建构主义理论的应用可有效地促使教师帮助学生获得更高级别的理解，而这也为我们科学地构建大学英语课堂教学评价体系奠定了重要的理论基础。

（二）人本主义理论

人本主义理论是当代美国心理学的主要流派之一，它强调培养诸如爱、创造力、自我表达、自治和责任感等心理特征和个性特征，并对现代教育产生了重大影响。人本主义教学思想不仅关注教学中认知的发展，还关注学生在教学中的情感、兴趣和动机的发展，注重了解学生的内在心理世界，以适应学生的兴趣、需求、经历和个人差异，激发他们的认知和情感的相互作用，并重视关于行为的创造力、认知、动机、情感等的心理限制。该理论在学生教学评价指标体系中的应用旨在强调学生教学评价指标的构建"以学生为中心"。在设定指标时，相关人员有必要反思教师能力的培养和教师对教学过程的兴趣，重视师生之间的互动、关爱和尊重学生等评价指标。

（三）"以学生为中心"的现代教育观

随着针对学生的教学观念和教学方法的出现，越来越多的教师开始意识到在学习英语的过程中，不同的学生会有不同的个体差异。与此同时，"以学生为中心"强调了学生在课堂上的主导地位（不否认教师的主导作用），这表明课堂教学应基于学生的需求。在学习过程中，学生知道自己想要什么，并具有强烈的自我意识。因此，根据学生的需求进行教学有助于支持学生的学习。

（四）发展性评价理论

自19世纪30年代"教育评价"这一概念被提出，教育评价理念进入了快速发展时期。此后，教育评价经历了测量、描述、判断、构建四个时代的发展。经过前三个阶段的发展，当前教育评价的功能已不再局限于选拔和甄别，更多地强调形成性评价和发展性评价，强调教育评价的最终目的是促进学生的全面发展。发展性评价理论注重学生的个性发展，注重在学习过程中不断搜集学生学习的信息，依据学生个体实际情况来评价学习的不足和优点，不仅关注学生当前的学习，更加关注学生的长远发展，并且强调立足于学生的长远发展而提出有针对性、有意义的建议，不对学生做出定论式的评价，而是促进学生在原有基础上的发展，帮助学生认识自我、快乐发展。

发展性评价立足于学生的发展过程，强调运用多种评价方法，注重评价主体的多样性，是促进学生全面发展的评价方法，符合当前课程改革和课程标准所提倡的评价理念。

（五）发展性教师教学评价理论

从评估的角度来看，教师发展教育的评估是一个渐进的评估系统。评估的目的是让教师通过评估结果了解自己的优势和劣势，支持自己的发展并阐明自己的发展方向。评估教师发展的重点不仅限于现阶段教师的教学表现，而是希望从发展的角度看到提高和改变其教学技能的动态趋势。一般而言，教师发展评价侧重于教师的整体发展，而不强调奖惩。其评价内容是全面而具体的，评价标准是科学的和人性化的。它强调形成性评估，能够促使教师调整和改进自己的教学。

（六）教育测量与教育统计理论

学生进行评价的关键环节是让学生使用评估量表来评估教学质量。教学评价量表的指标体系是学生评价教学的基础，也是统计内容的方式。每个教学评估量表的设计和制订都应基于一定的标准,以确保教学质量的测量和评估更加科学,统计结果更加有效。特别是需要进行教育测量,为学生评估的指标体系提供理论基础,并且需要相关的教育统计理论,为处理和分析学生评估的结果提供科学的理论指导。

(七)有效教学理论

据文献记载,有效教学这一概念自 20 世纪开始才频繁地出现在相关的文献当中。这一概念虽是近一个世纪以来才出现的新提法,然而当我们回溯整个世界教育发展的历程就会发现,其实自教育活动产生以来,在教学中如何使教师的教学行为更为高效就已经成为古今中外不少教育家孜孜以求的一个永恒主题。所不同的或许也只是由于时代环境的差异而导致其在表达、侧重点等方面表现出不同。

有学者认为,所谓"有效教学",指的是学生在课堂中通过教师的讲解与引导后,在思维层面、知识与技能掌握层面获得了实实在在的进步与收获。按照这样的理解,评价某一教师的课堂教学是否有成效,最终要落脚于评价学生是否产生了有效的学习结果,即通过教师的课堂教学,学生不仅在基础知识和基本能力上得到一定程度的提高,同时在情感、态度、价值观等方面也能够获得一定的进步。此外,教师的教学还应促使学生在运用个人所学分析解决问题时得到能力上的提升。实际上,除此之外,有效教学还应当有着更为丰富的内涵。有效教学中的"有效",不仅应体现在学生长足的发展与进步上,还应当体现在教师的专业成长与发展中。教学作为一种双边的主体活动,要想实现有效,离不开教师与学生双向的对话与交流,也离不开二者在教学活动中的相互促进、相互提升,最终实现教学相长。因此,有效教学中的有效必定是师生双方共同的成长与发展。

为了使教师的教学富有成效,从学生受益的角度来看,首先教师需要建立一种具有支持性的学习气氛,使学生在课堂上敢于发言、勇于探究;其次,教师要把握学生有效学习的机会,在固定的课堂教学时间内充分、合理地进行教学设计,使设计的教学活动有助于学生学习的所得与所获;再次,教师在进行知识的讲解时应当帮助学生建立起相关知识的内在逻辑结构,使知识的学习具有一致性与连贯性,以此将学生是否进步作为教学有效或者无效的一个重要评判指标。除此之外,站在教师的立场上,一是教师实现将职业角色从"控制者"到"引导者"的转变,以角色转变带动思想转变,进而带动教师行为的转变;二是随着时代的变革,教师应当努力提升自身的专业素养,与时俱进,积极探求提升教育教学水平的途径与方法;三是教师应当养成勤于反思的好习惯,在反思中总结不足与经验,在反思中获得进步与提升，进而不断实现教学的最大效益化。

四、大学英语课堂教学评价的基本原则

（1）结果性与过程性结合。综合来讲，影响大学英语课堂教学效果的因素有很多，包括学校、教师及学生，其在教学系统中有着不同的功能定位，分别承担着重要的角色职能。大学完善的英语课堂教学评价体系建构，不仅要关注结果导向，还需强调过程动态，客观评述各种活动安排是否符合规律、原则，是否存在创新及优化，坚持新课程理念，广泛征求校领导、教师、学生、企业、家长等多方意见。同时，学生成长作为一个漫长、渐进的过程，绝不可能一蹴而就，教师应采取必要的评价手段检验学生某一时段的学习成果，但并不能将其当作唯一评价标准，而是应与过程评价相配合，全方位反映学生的真实发展情况，定向输出个性化指导，保证大学英语课堂教学的连贯性、连续性，促进每位学生都能获得均等的发展机会，从而使之更好地掌握学科知识与技能。这是现代教育观的必然表现及要求。

（2）整体性与科学性结合。大学英语课堂教学本身作为一个庞杂的构成体，同时受多重因素的影响，并可从不同侧面反映整体质量情况。完善的大学英语课堂教学评价，应当从多角度、全方位切入，遵循整体性原则，尽量覆盖所有教学项目。同时，大学还需有机地将定性评价与定量评价结合起来，相互参照、彼此关联，协同反映大学英语课堂教学情况，科学甄别影响因子，合理区分主次、轻重，有的放矢地组织教学改革，将优势资源集中在解决主要矛盾上。除却上述这些，大学英语课堂教学评价亦应遵循科学性原则，包括评价目标标准的科学性及评价过程方法的科学性，不能单纯地依靠知觉经验，要坚持科学的目标导向，强调教与学的有机组合，并充分利用现代测量手段和统计方法，以获取更为严谨、全面的数据资料反馈，及时发现其中存在的问题，为更深层次的大学英语课堂教学改革奠定基础。

（3）公平性与公开性结合。现代素质教育生态下，"以人为本"的理念贯穿全程，公平、公开是大学英语课堂教学评价必须要遵循的原则。在具体的实施过程中，大学对待同经历、同学科的教师一视同仁，严谨设定各项评价指标及权重，防止人情关系的渗入，杜绝领导印象分等不良现象。同时，渗透浓郁的人本主义关怀，尊重教师的教学主导地位，在大学英语课堂评价中合理植入教师方面的意见，坚持奉行党"理论联系实际"的一贯作风，并将生成结果及时反馈给相关教

师，使之对自身教学水平有客观的认识，方便其日后总结经验、改进工作。而对于学生亦需如此，要关怀他们身心健康发展的全过程，教师应严于律己、谨言慎行，对待学生一视同仁，努力打造充满人性关怀的空间环境，善于用合适的语言表达，维护好学生的自尊心、自信心。当然这种公平并非绝对的，而是作为一个相对的概念，尊重学生的主观个性，让每名学生都能享受公平教育，获得平等成长的机会。

第二节　英语教学评价体系的构建

本书在构建英语课堂教学评价体系的过程中，将教育评价理论作为指导和参考，结合大学英语教学的特点，经过反复讨论和修改，形成英语课堂评价指标体系。

一、英语课堂教学评价模型

本书在设置评价指标时，主要采用专家、教师和学生意见相结合的双向递阶模型。首先基于专家已制订的英语课堂教学评价体系设置评价指标，随后将课堂教学评价的指标转化为问卷调查的形式，分别对一些教师及学生进行问卷调查，并汇总调查结果。其中，专家已制定的评价体系对本书指标体系的建立起到重要基础指导作用。学生是英语课堂教学的中心和参与者，对于英语课堂教学的评价指标设立的意见也有非常重要的作用。"双向"即纵式双向法，首先把评价指标体系中的各个目标按照其不同的属性分成多层，然后自上而下地进行排列，下层因素从属于上层因素，而下层因素反过来又会对上层因素造成影响。"递阶"是指解析递阶法，可以将其层次结构抽象化，并由上下几个基本对象组成。本书将因子分为相互关联和有序的级别，根据数量校准每个因子的重要性，然后处理校准后的值以获得权重值。此方法可以有效避免主观成分，最后用数学统计的方式决定各部分的权重。

之所以采取上述指标模型主要有三个方面的原因：首先，英语课堂教学具有一定的复杂性，由很多不同因素共同构成，每个因素间都会互相制约和产生影响；其次，学生在英语课堂教学中是重要的参与者和监督者，学生的看法对于英语课堂教学指标的设定也起到重要作用；最后，评价指标体系指标构成的不同也会对英语课堂教学评价的结果产生不同影响。

二、英语课堂教学评价指标

（一）评价指标建构原则

1. 科学性原则

所谓"科学性"，意指所要介绍的概念、原理等内容或者论证的方式、方法是具有一定的客观性与确切性的，在某种意义上可以反映出客观事物的本质规律。对于大学英语课堂教学评价指标体系的构建，科学性原则主要体现在具体构建的各个环节、过程都应符合科学的要求，都应遵循教育学和统计学等学科的内在规律，不得主观臆断，应最大程度地反映大学英语课堂教学的实质性要求。

在建立评价体系的过程中坚持科学性原则，首先要基于理论和事实并将其作为依据。基于主观想象和主观假设等方式都背离了科学性原则。我们要采取科学的方法来制订评估的方案及评估标准和指标体系。数据收集和分析的方法应该科学，并且最好结合使用定性和定量方法。

2. 可行性原则

可行性原则要求英语课堂教学评价必须简单且易于实施。在确保评价的方向和科学性的前提下，应适当减少评价指标的数量，并尽可能提高评价标准的可操作性。在实施评价时，步骤应尽可能简化并且做到能够从实际出发。

3. 合作性原则

合作性原则是为了使评价工作顺利开展，使评价对象尽可能多地理解进行英语与课堂教学评价的意义。同时，评价者对待被评价者要始终以平等公正的态度。

4. 合理性

所谓"合理性"，从字面意义上来理解，指某一事物的存在与发展应是合乎常理、合乎道理、合乎客观理性的。在大学英语课堂教学评价指标体系的构建过程中，我们所拟定的大学英语课堂教学评价指标应符合大学英语的日常教学实际，应与客观存在的大学英语教学经验与事实相契合，如此构建起来的大学英语课堂教学评价指标体系才可能是客观且适度的。

5. 系统性

由于大学英语课堂教学评价会涉及多种因素，如何对这些影响因素进行合理、有效的组织与安排，还需要我们遵循系统性的原则。所谓"系统性原则"，是指所要构建的大学英语课堂教学评价指标体系内部应有一条逻辑主线，通过这条逻辑主线可以将所有影响大学英语课堂教学评价的因素联结起来，使诸多因素在统一教学目的和规律的要求下能够相互衔接、彼此联系，所有指标构成一个完整的统一体。

6. 层次性

在构建教学评价指标体系的过程中，层次性原则往往与系统性原则紧密联系。在一个完整、统一的系统内部，为了反映客观事物内在的丰富性，往往会依据不同的维度、不同的视角将某一具体事物划分为不同的层次。这些不同的层次有各自的属性和规律，同时当它们统一在一起的时候，又可以呈现出事物内在的本质和规律。大学英语课堂教学评价指标体系中的各层级指标从不同的侧面反映着大学英语课堂教学评价丰富的内涵。

7. 可操作性

大学英语课堂教学评价指标体系构建的实践取向是直接指向真实、生动的教学情境的。因而，大学英语课堂教学评价指标体系构建起来后应当能够被一线的教育工作者直接运用与实施。大学英语课堂教学评价指标体系的可操作性，一方面是指所设置的指标项一定是能够观察或测量出来的；另一方面则指该指标体系在实施过程中所运用的方法是较为简便的，能够帮助教育工作者在较短的时间内获得自己所需要的评价信息。

（二）评价指标的建立

1. 一级指标的建立

英语教师所要具备的能力在优化英语教学方面起到至关重要的作用，那么作为英语教师需要有哪些能力呢？笔者认为：为了探讨英语教学的规律，从事英语教学的教师必须具有很高的业务水平。他们不但要精通英语的理论、知识和技能，而且要熟悉一两种外语的理论、知识和技能，还要掌握对比语言学的理论和方法；不但要具备语言学、心理学、教学法等方面的专业知识，而且要具有高度的文化素养，熟悉中国和外国的有关文化知识，还要具备组织教学的才能。因此，在对英语教师的课堂教学评价上，自然也要注重对英语教师这些方面的评估。

为此，我们可以设立"教学任务""教学内容""教学方法""教学环节""组织教学""教学技能""教学效果"等一级评价指标。

2. 二级指标的建立

（1）课前教学准备

在课前教学准备阶段，主要注重两方面的准备：一是要明确本节课的教学目标是什么；二是要构思好整堂课应如何进行设计，即如何进行教学内容、教学方法和教学环节的设计。

教学目标上，课堂教学目标论中包括三种目标，即总的目标、最高目标和具体目标。总的目标是指英语教师根据教学大纲的要求和规定的教学内容，能够非常全面完整地完成教学的任务；最高目标即学生学习英语的最终目标，就是可以正确地使用英语进行交际活动；具体目标则是为了能够达到教学总目标和最高目标而需完成的教学任务的具体规定。课堂教学的总目标、最高目标和具体目标，都要靠完成每一堂课的教学任务来实现，所以任课教师要计划好每一堂的教学任务，努力实现每一堂课的教学目标。本书据此设定"总体教学目标""根本教学目标""具体教学目标"三个二级指标。评价标准和要求分别为"全面完整完成教学任务""注重交际能力的培养""认真全面落实教学任务"。此外，在教学目标方面，还应该基于英语课堂教学评价的依据及目标本身所具有的特性所确定。一是英语课程标准作为英语课堂教学评价主要的依据与纲领，教学目标的设置必须符合英语课程标准要求，要依据课程标准对学生、教师所提出的要求来进行设置；二是英语本身作为一种传播与交流世界文化的有效载体，一方面要教会学生合理地使用英语工具与他人进行交流，另一方面还要帮助学生深入挖掘英语这门语言背后所涉及的众多文化因素，让学生体验到国外文化有别于我国文化的同时，又能够引导学生形成正确的辨别不同国家文化的理解力与判断力，加强跨文化的意识与能力，同时也增强对我国文化的认同感与自信心；三是教学目标的确定应让教育者、评价者能够清晰具体地理解教学目标，并能够在教学实践中直接运用。

　　教学内容方面，第二语言教学实际上包括五项内容，即语言要素、言语技能、言语交际技能、语用规则和有关的文化背景知识。这五项内容都要在课堂上进行，所以它们都是课堂教学的内容。在讲解英语内容时，既要有文化知识的普及，也要注意语言知识的讲解，教师需关注所讲授的教学内容是否能够将教学重难点讲解透彻，在学习的过程中学生是否能够清晰地掌握重点、理解难点，同时也要注意交际能力的培养。其中，言语技能和语用规则可以同时体现在交际能力中，因此将此两项合并在交际能力中。据此，最终将教学内容下的二级指标设定为"基本知识讲解""言语技能操练""交际会话练习""文化知识讲解"四项。此外，在我国大力弘扬社会主义核心价值观、大力推进思政进课堂的教学改革浪潮中，教师是否具备将思政元素融于英语课堂的理念，是否有对教材内容中可能蕴含的思政元素进行深入挖掘的能力，并能够在教学过程中对学生的价值观进行正确引领，都是评价者评价教师的教学内容时所要重点关注的；教学内容的讲授还应注意与学生日常的生活内容、社会广泛的生活内容建立联系，从而使呆板、形式单一的课堂变得更加真实、有生气。

教学方法在英语课堂教学中也起着至关重要的作用。在教学方法方面，首先，教学方法的选择应灵活多样，单一的教学方法难以真正调动起学生的学习兴趣；其次，在"以学生为本"的教学理念下，教师更应关注学生在学习过程中的主动参与，引导学生在所创设的真实教学情境中进行主动的、探究式的学习，引导学生理解语言背后的深层意义，使学生能够懂得如何将自己的所学应用到实际生活中，以使学生的学习变得更加有意义；最后，教师应秉持因材施教的理念，在教学过程中，能够对不同能力水平的学生以不同的方式方法进行有针对性的教育，使不同能力层次的学生都能发挥出自己的最大优势。"教学有法，但无定法"指的就是教学的方法有很多种，但没有规定一定要用哪一种教学方法，一名优秀的英语教师要学会"因材施教"，根据不同的教学对象和教学内容采取不同的教学方法。教师在选择教学方法时要注意结合教学内容，善于运用教辅工具，如图片、实物等教具，以更加直观形象的方式吸引学生的注意力，增强他们的学习兴趣；在进行课堂活动时采用小组竞赛、游戏等方式，寓教于乐，让学生以更加有趣、生动是方式进行学习。据此，将教学方法下的二级评价指标设为"与教学对象的匹配度""与教学内容的契合度""教辅工具的使用""教学法实施效果"四项。

在教学环节方面，根据英语综合课的特征设置"旧课复习""新授导入""新授讲解""课堂操练""课堂小结""作业布置"六个评价指标，同时整个过程中教学环节的完整性和节奏性也可以作为评价的指标，因此增加"教学过程"这一指标，共七个二级指标。旧课的复习首先可以了解到学生对于上节课内容的掌握情况，同时可以为接下来的新课学习进行铺垫，使新旧知识能够更好地结合，加深学生的记忆。新授导入是属于过渡的一个环节，起到连接上下两个环节的"桥梁"作用，可以将学生的注意力吸引到接下来的新课内容上，激发他们的兴趣，一般可以采用创设情境、提出问题、运用实物等方式进行导入。新授讲解一般包括生词、语法、课文等知识的讲解和操练，是一堂课中至关重要的环节，英语教师对于这部分的内容设置要准确、精练，从而才能顺利地进行知识的操练，操练的方式要恰当，适合教学对象的特点。课堂小结环节，教师可以根据课堂情况在新授讲解后进行一个中段小结，也可以在课程最后对本节课的内容做一个梳理和归纳，帮学生加深对本课内容的记忆、构建清晰的知识体系，因此课堂小结一定要精练、突出重点。作业布置环节也是教学中必不可少的环节之一，学生可以通过作业巩固所学知识，或对所学知识进一步加深理解，结合学生的特点，书写词汇这种机械化的练习作业通常完成度不高，但如果将书写与绘画结合起来，让学生制作书签、手抄报等形式的课后作业时，学生往往完成度较高。因此，将评价标准和要求分别定为：复习及时巩固，承前启后；导入方式自然新颖，激发兴趣；新课讲解准确易懂、重点突出；操练方式恰当、有效；总结适时、精炼；作业题型多样、完成度高；教学过程完整、流畅；环节时间安排合理。

（2）课中组织阶段

教学组织方面，主要是对教学结构和教学活动进行了规定。整体来看，针对一节课堂的教学组织，首先在时间的分配上一定要是合理的。每个教学环节需要花费多长时间、每个环节与活动如何分配时间才能最大限度地达成时间最优原则，都需要教师的精心设计与构思。其次，整节课的各个教学环节应环环相扣，无论是热身环节、新授环节、还是最后的巩固与作业环节，都应在达成教学目标的主线上渐进设计。此外，课堂秩序的管理对于英语教师来说是个较大的挑战，但保证课堂秩序的安定和学生注意力的集中是课堂教学顺利进行的基础保障。在保证课堂秩序的基础上，英语教师也要善于调动学生的积极性，让学生不再是被动地接受知识，而是主动地去学习。课堂活动的组织也是教学组织中的一个重要环节，课堂活动恰当的情境和话题设置可以给学生的学习带来事半功倍的效果，更好地培养学生的交际能力。同时，教师还需对课堂整体的气氛进行把控，不能太过严肃，也不能太过散漫，最好要使课堂气氛保持轻松愉快又认真。据此，设置"课堂秩序管理""调动学生情绪""组织课堂活动""课堂气氛把控"四个二级指标。

教学技能方面，教学语言是英语课堂教学中最重要的技能之一，是英语教师进行讲课和与学生沟通的主要方式。英语教学中，英语教师一般会使用英语和学生已掌握的语言，也就是媒介语进行讲课和沟通。对于英语的使用，英语教师的发音是否准确、使用是否规范、语速是否适中、声音是否洪亮都对课堂教学起到重要作用，因为英语教师的英语发音和使用是学生直接模仿的对象，语速如果过快会导致学生无法理解教学内容或指令。对于媒介语的使用，特别是对于还处在初级水平的学生来说，适时、适量的媒介语会使课堂教学进行得更加流畅，如果整堂英语课是全英文教学，可能会让本来英语水平就不高的学生产生"听不懂""英语太难了"等消极想法，进而造成其学习兴趣减退。但英语教师也不能为了方便沟通而大量使用媒介语，这样不利于学生英语水平的提高。据此，设定"英语的使用""媒介语的使用""教师的形象""板书的设计"四个二级指标。

教学效果是检测课堂教学的重要途径。"以学生为中心"的现代教育观强调注重学生的重要性，因此学生在英语课堂上的情况是至关重要的，课堂教学不仅要注重教师的"教"，还要考虑学生的"学"，学生在课堂上的表现和对本堂课知识的掌握情况也是课堂教学的侧面反映，英语教师可以根据每堂课学生的教学效果反馈，进行总结和反思，不断优化自己的教学，据此设置"学生课上对所学知识的理解和掌握""学生的课堂表现""学生自我评价"三个二级指标。评价标准和要求分别为：能正确理解、模仿和使用所学知识；能跟随、配合教师教学；觉得自己对知识完全掌握，对考试很有信心。

在教学氛围方面，也可依据整堂课的教学氛围是否融洽，师生在教与学的交往中是否愉悦且感受到自身在知识的深层理解、情感的丰富表达等方面有所提升，来进行评价。此外，教师在教学中还应使用多元化的评价方式，评价的方式与语言应促进学生对英语学习兴趣与自信的进一步提升。

根据以上对一级、二级评价指标和评价标准的建立，形成英语课堂教学评价表（表5-2-1），可以用于英语教师的自评和同行及管理者评价。

表 5-2-1 英语课堂教学评价

一级指标	二级指标	评价标准	评分
教学目标	1. 总体目标	全面完整完成教学任务	
	2. 根本目标	注重交际能力的培养	
	3. 具体目标	认真全面落实教学任务	
教学内容	4. 基本知识讲解	知识的讲解是否简明正确	
	5. 言语技能操练	操练的方式选取恰当，练习充足有效	
	6. 交际会话练习	练习实用有效	
	7. 文化知识讲解	文化知识的讲解清楚易懂	
教学方法	8. 与教学对象的匹配度	适合教学对象的特点和水平	
	9. 与教学内容的契合度	适合教学内容，二者相辅相成	
	10. 教辅工具的使用	使用合理、充分、有效	
	11. 教学法实施效果	具有趣味性、启发性和生动性	
教学环节	12. 旧课复习	及时巩固，承前启后	
	13. 新授导入	方式自然新颖，激发学生兴趣	
	14. 新授讲解	讲解准确易懂，重点突出	
	15. 课堂操练	操练方式恰当、有效	
	16. 课堂小结	总结适时、精炼	
	17. 作业布置	作业题型多样、完成度高	
	18. 教学过程	教学过程完整、流畅，环节时间安排合理	

续表

一级指标	二级指标	评价标准	评分
组织教学	19. 课堂秩序管理	课堂秩序良好，学生注意力集中	
	20. 调动学生情绪	学生学习情绪积极主动	
	21. 组织课堂活动	活动情境话题设置恰当，注重交际	
	22. 课堂气氛把控	整体气氛轻松愉快又认真	
教学技能	23. 英语的使用	普通话发音标准、使用规范，语速适当，声音洪亮	
	24. 媒介语的使用	媒介语使用必要、适量	
	25. 板书的设计	板书设计合理，书写规范美观	
	26. 教师的形象	教师衣着得体，教姿教态良好，态度和蔼	
教学效果	27. 学生课上对所学知识的理解和掌握	能正确理解、模仿和使用所学知识	
	28. 学生的课堂表现	能跟随、配合教师教学	
	29. 学生自我评价	觉得自己对知识完全掌握，对考试很有信心	
教学氛围	30. 教学氛围是否融洽	师生在教与学的交往中感到愉悦	
	31. 评价的方式与语言	学生对英语学习兴趣与自信的进一步提升	

三、大学英语课堂教学评价的实施策略

（一）"教"评

1. 转变思想理念

思想是行为实践的先导，理念层次的变革构筑了大学英语课堂教学评价完善的基础，大学要充分吸收创新教育理念、人文教育理念、三全育人理念、校本评价理念等的先进内涵，从而设计出富有科学性的评价指标体系。具体而言，要有机嵌入素质教育改革的洪流中，尽快摆脱传统教育的束缚，上级单位科学地将大学英语课堂教学评价纳入日常管理范畴，关注全过程实施，了解教师的教学总体设计情况，从而获取全面、客观的数据反馈，针对性地提供助力支持。同时，深入"人本主义"内涵，科学定位师生身份角色，突出学生主体及教师主导地位，并将之作为大学英语课堂教学评价的重要方面，以此来换取高效课堂。另外，基于对大学英语课堂教学评价多重功能价值的考量，要结合不同目的、要求，创新优化评价方式，高度契合学生的真实情况，只要教学收效良好，即可予以积极评

价，从而激活教师的创新基因与能力，使得该项工作更好地服务于大学英语课堂教学发展。在科学、系统的指标体系指引下，相关主体有效展开英语课堂教学评价活动。

2. 强调多元主体

在大学英语课堂教学全生命周期中，教师与学生作为核心元素，亦是评价的关键所在。对于大学英语课堂教评的实施，要强调多元主体协同参与，包括教师和学生，从不同维度视角切入，以获取公正、客观、全面的信息反馈，从而保证最佳效果达成。其中，教师自评有着十分重要的意义，它作为促进教师自我反思的最佳方式，能够帮助教师更好地认知自我，转化为发展的内驱力。在此过程中，大学要竭尽全力创造条件，通过自下而上的发展性评价，提升教师的参与积极性，广泛征求教师的意见或建议，增强他们深入教改工作的驱动力。一般来讲，教师自我评价的实现路径包括三类，即他人评价、对比他人评价自己、自我分析评价。教师要善于借力，将领导、同事、学生的评价视作一面镜子，并以此为据进行自我评价，虚心接受、理性反思，力求出色地完成育人任务。另外，要引导学生对教师评价，具体项目包括教学方法、课程内容、工作状态、语言表达等，了解学生的主体感官感受，并从宏观角度切入，进行学期性评价，营造开放、自由的环境，达成最佳的教学供需状态。

3. 合理运用结果

合理运用评价结果，是大学英语课堂教学评价的使命所在，为教师工作管理提供指引，能在提升其综合素质素养水平的基础上，更好地实现教育目标。在具体的实施过程中，评价结果的科学性直接影响该项工作的整体水平，继而关系到未来教学的发展。综合来讲，影响大学英语课堂教学评价的因素有很多，包括学生的认知能力、领导专家的心理定式等，评价者要紧密联系实际，用事实说话，科学、细致地分析高校英语课堂教学评价过程采集的信息，避免各种结果偏差。同时，大学要建立良好的评价者与被评价者交互通道，协同发现教师的优势和短板，关注他们的能动过程，尊重客观事实，并通过精准的数据反馈出来，增强其积极心理，使之迸发出高涨的工作热情，自主改进教学，提高服务水平。另外，教师对学生的评价，要善于运用积极心理学，以激励为主，维护好学生的自尊心、自信心，最大限度地激发学生的学习热情，引导学生做好反思，并根据他们的个性特点，选择恰当的反馈方式，帮助学生更好地认知和改进自我，养成良好的行为习惯。

(二)"学"评

1. 创新工作模式

在以往的教学范式下,大学英语课堂教学评价多以终结性评价为主,忽视了学生的能动过程,相关结果反馈不全面,影响了其发展水平。尚处于身心发育期的大学生,学习自觉性较为薄弱,对自己的要求不高,面对第二语言习得这项复杂而又艰巨的任务,时常会因某一环节的困难放松自我,甚至自我放弃,导致期中、期末考试成绩不佳。对此,大学要尽快转变英语课堂教学模式,关注学生的成长过程,有机地将诊断性评价、形成性评价与总结性评价结合起来,并科学设计各学段的目标和内容,分清主次和要点,梳理各阶段、各要素之间的层次关系,可通过单元测试的方式,指导学生巩固复习,确保其充分掌握既往所学的知识,为下一阶段的教学铺垫基础;要全方位关注学生的学习动态,善于分析发现造成学困生、后进生的影响因素,有的放矢地输出教学服务,秉持因材施教原则,可起到事半功倍的工作效果,使学生听、说、读、写、译等各方面学科素质得以发展,从而更好地参与职业岗位竞争。

2. 朝向全体学生

大学的根本任务是促进学生全面发展,最终落脚点在于服务中国特色社会主义现代化建设,输出大批高质量的有用之材。在精英教育转向素质教育的今天,大学英语课堂教学评价要树立促进学生全面发展的价值观,朝向全体学生,输出个性化服务。时至今日,知识经济时代,面对激烈的行业企业竞争,人才的要求标准不断提升,英语作为一门基础性学科,要尽可能地与专业教学相结合,以就业服务为导向,面向全体学生,输出更多高素质人才。具体而言,要认真贯彻落实党的系列教育方针,关注学生思想道德素质、科学文化素养、身心健康水平、专业技术能力的全面发展,平等对待每一位学生,保证其获得均等的受教育机会,尊重他们的个性差异,最大限度地释放其潜能。体现在大学英语课堂教学评价上,就是要改变传统课堂"满堂灌"的模式,通过富有层次梯度的教学活动设计,强调学生知识、能力、素质的多向发展,引导其养成良好的学习习惯,使之在原有基础上不断进取提升。

3. 关注能动过程

迈入大学之后,学生的主观能动性得到了进一步释放,部分自控能力差、知识基础薄弱的学生开始放纵自我,甚至在多重因素的交织影响下放弃自我。没有足够的内驱力支撑,学生参与大学英语课堂教学的积极性、主动性缺失,这是影响育人实效的重要原因。因此,在"学"评上,要善于激发学生的学习兴趣,使之变成一种自觉行为,使其基于客观、理性的自我认知,合理安排学习计划,能够终身受益。在此过程中,教师可为学生建立学习档案,通过形成性评价的方式,引导学生自我反思,帮助其总结经验、吸取教训,科学地指引他们的学习方向。对于大学英语课堂教学评价而言,完善的学习档案应当包括口语档案、写作档案、阅读档案、作业档案、实践档案等,覆盖学生活动的全生命周期,尽可能多地采集信息,继而对其进行客观、全面的评断,发现薄弱点,针对性地组织加强练习。在"互联网+教育"的时代格局下,要充分利用网络数据的痕迹管理功能,借助超星学习工具等平台优势,关注学生的能动过程,为之制订可行性的"个性化成长方案"。

总的来说,教学评价是教学过程中的一个重要流程与环节,科学、有效的评价指标体系的构建是进行高效教学评价的重要基础。本章立足于大学英语课堂教学评价这一研究领域,着重探讨大学英语课堂教学评价指标体系的构建路径及其实施效果。尽管本章对于大学英语课堂教学评价指标体系的构建及实施进行了研究,但限于笔者自身时间和水平有限,在很多方面还有待进一步探讨与完善,在今后的研究中还应重点解决以下几方面的问题:第一,评价指标体系的建立是在已有研究的基础上改进而来的,在全面性和科学性方面还有待提高;第二,定性评价的过程中难以避免研究者一定主观性的存在,这在一定程度上会对最后的评价结果产生影响,今后应当思索如何能够进一步改进,以减少主观评价带来的不利影响;第三,随着教育改革的不断推进,本书所构建的大学英语课堂教学评价指标也需不断进行补充、修改与完善,以不断适应时代发展。

参考文献

[1] 麦迪娜. 普通高校大学英语教学中的问题及对策[J]. 新疆大学学报（哲学社会科学版），2003（S1）：55-56.

[2] 李娴. 大学生对高校教学满意度的影响因素分析——以海南省9所高校英语教学为例[J]. 调研世界，2019（2）：49-54.

[3] 张锋. 略论我国英语教育始源及对当下教学的思考[J]. 才智，2012（1）：305-306.

[4] 邓妍. 对高校多媒体辅助英语教学现状的调查分析[J]. 英语广场（学术研究），2012（9）：69-71.

[5] 朱昱. 高师院校英语教育专业学生教学实践能力的培养与实现手段[J]. 吉林广播电视大学学报，2012（10）：104-106.

[6] 王志强. 有关高校英语教学中的情感探究[J]. 才智，2012（30）：227.

[7] 丛群书. 高校英语听力教学中运用传媒的对策研究[J]. 现代物业（中旬刊），2012，11（11）：68-69.

[8] 张伟利. 高校英语教育与区域经济发展探究[J]. 改革与开放，2011（20）：114-115.

[9] 董盈溪. 高职高专英语教育的现状及其英语应用能力的培养策略研究[J]. 中国科教创新导刊，2012（2）：14-15.

[10] 王慧，孔令翠. 英语教育专业实践性课程现状的反思与构建新型实践性课程的探讨[J]. 疯狂英语（教师版），2007（10）：35-39.

[11] 吴宝惠. 探索普通高校大学英语与学科专业英语之间的教学如何平稳过渡[J]. 疯狂英语（教师版），2008（5）：40-43.

[12] 李银芳. 高校英语激情教学之我见[J]. 疯狂英语（教师版），2009（2）：74-77.

[13] 陈丹丹. 英语教育专业师范生TPACK的实证研究[D]. 桂林：广西师范大学，2014.

[14] 王莉.交际教学法在中国高校外教英语口语课堂教学中实施效果浅析 [J].科技信息,2009（5）:259-260.

[15] 张彦文,刁洁.高校英语教学中的生态理念 [J].山东省青年管理干部学院学报,2009（5）:128-129.

[16] 王瑞.苏北高师英语教育的问题与对策 [J].和田师范专科学校学报,2009,28（5）:139-140.

[17] 龚亚夫.英语教育的价值与基础英语教育的改革 [J].外国语（上海外国语大学学报）,2014,37（6）:18-19.

[18] 桂诗春.我国英语教育的再思考——实践篇 [J].现代外语,2015,38（5）:687-704;731.

[19] 黄雯怡.我国大学英语教育困境的生态解析与对策思考 [J].外语研究,2016,33（3）:53-57.

[20] 王守仁.谈中国英语教育的转型 [J].外国语（上海外国语大学学报）,2016,39（3）:2-4.

[21] 赵海燕.从文化变迁看高校英语教育的"中国文化失语" [J].中国高教研究,2016（11）:99-102.

[22] 蔡基刚.中国高校英语教育40年反思:失败与教训 [J].东北师大学报（哲学社会科学版）,2017（5）:1-7.

[23] 鞠玉梅.关于高校英语专业语言学课程教学的思考 [J].外语与外语教学,2007（8）:31-33;50.

[24] 段晓茜.高校英语阅读教学的几个误区及教师应起到的积极作用 [J].科技信息（科学教研）,2007（35）:786.

[25] 陈冰冰.高校英语文化教学及其变量研究 [J].西安外国语学院学报,2004（3）:21-25.

[26] 梁园华.浅析高校英语专业本科教学评估对教师的要求 [J].科技信息（科学教研）,2008（7）:252-253.

[27] 齐越.多媒体技术在高校英语教学中的利弊分析 [J].科技信息（科学教研）,2008（21）:220.

[28] 余娜,张蓉.高校英语教学的现状及改进措施分析 [J].科技信息,2010（16）:118.

[29] 韩美英.浅谈高校英语教师在教学中的作用 [J].黑龙江科技信息,2010（33）:236.

[30] 李翠平. 基于文化导向教学模式下的高校商务英语精读教学策略 [J]. 英语广场（学术研究），2013（4）：65-66.